生活就是旅行，旅行就是生活。

推薦序 名人推薦

同為旅行的愛好者，發現這本書要描述的比風景更引人入勝的是親子間「陪伴」時光。總以為帶著小孩出門遠行需要很大的勇氣，我想這本書鼓勵了很多家長，「閱歷世界的快樂」是一種對家人滿溢的愛。

離開熟悉的環境，在陌生裡彼此信任、依靠、成長，是比旅行本身更豐富美滿的事。

東森新聞主播陳海茵

我和若家是認識十幾年的好朋友，一直都覺得她是充滿愛和貼心的好女孩，升格為媽媽之後，更是散發無限母愛！

「小公主的奇幻旅程」是所有媽媽和孩子的夢想實現，讓我們也一起帶著孩子環遊世界，追尋夢想！和若家一樣用旅行製造回憶，這才是旅行的意義！

臺灣好媳婦 佩甄

熱情、友善
是我對"大公主"最深的第一印象
開朗、善良
則是"小公主"最迷人的人格特質

不僅是外在，就連充滿愛的內在，都像是複製、貼上的可愛母女，就這樣，大手牽小手，一起步上充滿愛的旅程…

在一篇篇的遊記中，我看到大公主對小公主的用心，小公主帶給大公主的快樂，更有一家人滿滿的幸福！這是一本不僅是介紹旅遊的書，更是透過文字，散播歡樂與愛的力量，獻給每一位洋溢在家庭溫暖中的您～

**前新聞主播暨棒棒生活童裝複合店創辦人
黃馨儀**

「小公主的奇幻旅程」裡小公主純真的笑容讓我回憶起與女兒童年時快樂的時光，相信藉由此書讓有小小孩的父母親更會把握與小孩成長時期的親子互動過程，而一個不是職業攝影師卻能拍出了滿滿對妻子與孩子的愛的唯美畫面，這是留給孩子最有意義愛的禮物！同時也給與了人們旅行時最好的建議！這是一本非常值得推薦的好書。

張瓊玲

小豪和若家對小公主的栽培大家有目共睹
在孩子嬰幼兒時期多出國體驗不一樣的世界
有助於快速提升孩子的適應能力
同時對孩子成長初期的腦部發育影響甚鉅
第一次看到小豪與若家的分享就超級喜歡
現在已經擁有兩個寶寶的夫妻倆不辭萬難
把以往帶著小公主的旅遊的心得集結成冊
跟大家一起分享親子度假的好去處
並將把售書所得捐出 造福更多家庭
家長們跟小豪若家共襄盛舉的同時
在身心靈皆會感到富足！

親子專家 沈昀葶

大手牽小手，從炎熱的小掌心出發，
請蹲下來，讓小公主純淨的雙眼帶您重新認識這世界
孩子的外交天分和冒險精神將開啟您的另一扇窗！
一段感人的旅程需要兩個人
一個要敢做夢　　一個要懂

樂子旅遊總經理Carol

推薦序 旅行的意義

公若家和魏啟豪夫妻，在他們的小公主還沒有誕生之前，一直是很多朋友很羨慕的一對時尚版神仙眷侶。永遠走在時尚尖端、擁有獨特個人穿衣風格的若家，是少數在臺灣讓我真正欣賞的人。而加上攝影技術和器材都專業無比的老公，每次呈現出來的照片，就是比臺灣市面上很多時尚生活雜誌有過之而無不及。他們彼此創造出來的生活點滴，除了有型有品味，還有模特兒和攝影師間那種濃得化不開的愛意！

正當我在想說，這樣一對眼中只有彼此，不容許任何人介入的愛侶，要是有了第三者存在，他們的生活中會起了什麼改變呢？沒想到小三和小四就這麼一個一個出現在他們生活中。更沒想到這個變化，讓這對人人稱羨的愛侶，蛻變成為每個人夢想中的神仙家庭！

小公主的誕生，若家從一個潮流型女，躍升成為超級有型也更有品味的媽媽。而且，他們夫妻把生活品味和對於旅遊看世界的美好，從小就灌輸給他們的小孩子。讓她們從小就用寬闊的視野去愛這個世界美好的人事物。

我看過身邊一些父母，在小孩子出生後，不自覺地改變多年來對於潮流的品味和生活方式，甚至放棄最初的夢想和目標……然而等到孩子長大學會獨自飛翔時，這些父母才驚覺和世界脫節太久，默默變成了孩子覺得不酷了的老爸和老媽。所以，我很喜歡若家和啟豪這對夫妻沒有因為小孩出生而改變，他們只是讓小孩走進了他們的生活方式，將他們看到的美好世界一步一腳印的傳承給他們。

在《小公主的奇幻旅程》這本書中，除了可以讓有家庭的讀者獲得許多有質感的旅遊方式之外，也讓想帶小孩子同行的旅程，都可以在選擇上獲得最全面的資訊；而女性的讀者更可以從若家的分享，獲得獨特的潮流資訊。

對於我創辦16年的「東西全球文創集團」的理念來說－異中求同、求同存異－這樣文化融合的世界觀，才是我最看重的價值。在若家針對旅行的體驗和我分享之後，我發現最讓我欣賞的不是她的個人風格，而是教導女兒看世界的方式。她告訴我，好的Villa或是Hotel都會有照顧小孩子的專業人員，她也會趁著小公主和不同國家的人相處互動時，讓小孩可以打開心去學習認識和喜愛不同文化，表達對每個人的尊重和感謝……。

在旅遊中對小孩的機會教育而獲得的無價禮物，打開心去看世界，才是旅行的真正意義！

東西全球文創集團執行長暨發行人 李冠毅

自序

離開熟悉的地方，我們在旅行中成長，在彼此相處的每一刻，幸福和感動如此深刻。小公主從小就出門探險，對她而言是種學習，對我們其實也是。小孩每天在不同的新環境裡受到刺激成長，養成她現在樂觀、樂於交友、勇於嘗試新鮮事物的個性，我相信這些都會是她一輩子受用的養分。

每次翻閱起小公主的奇幻旅程照片圖像，旅行的美好就像一幕幕的電影閃耀，每一趟，我都覺得這是上天安排好的旅程。從小公主4個月大時，我們就一起相伴上路，旅程中小公主完全沒有任何不舒服和生病經歷，一路順遂地看著世界風景。她吃得好、睡得好，即使坐上噪音很大的螺旋小飛機、搖得很暈的私人快艇，都安靜地欣然接受，且每次換酒店沒有絲毫不耐，用很開心愉快的心情，迎接我們每一次在異域的冒險旅程。

我深深感覺，她就是一個旅行的孩子。這是老天的恩賜，讓我們可以一起擁有這麼多在不同國家裡發生的有趣故事。

把小孩帶著一起旅遊是美好的事。讓孩子、家庭和生活在旅途中深深凝聚，幸福感無可比擬。把旅行當作生活的一部份，藉此明白了必須好好愛以及充實自己的意義，提升自己的性靈。

旅行的開始最要感謝的是我的老公，謝謝他成就了全家夢想。他一直是熱愛生活和旅遊的人，也願意引領全家去享受樂趣，感受生命、自然的可貴，讓我們有了呼應世界的深刻體驗。他熱愛影像美學，花很多時間自學而成的攝影技術，拍的作品有獨到美學也極具水準；每趟旅行他總是不辭辛勞地將30多公斤的攝影器材和鏡頭背在身上，目的就是紀錄我們在旅遊時的每個感動，用滿滿心意提供最溫暖的陪伴。也要感謝在旅程中認識的所有朋友、服務人員和舒適酒店，環環相扣的細節堆疊出了每一趟的奇幻旅程。

謝謝小公主，豐富了我們的生命，完整了我們的幸福。小公主的奇幻旅程會持續地探索世界，小王子的冒險之旅也開始計劃啟程。旅程還沒結束，另一個夢想還在尋找起點，請您繼續和我們一起期待！

目錄 Contents

暖心風土。
臺灣

T a i w a n

中國

臺北
◉

RSL Hotel & Resort
瓏山林冷熱溫泉酒店

臺灣

臺南市

高雄市

亞洲

非洲

因為生活在臺灣，
我們常常將周遭的美好和便利視為理所當然，
忽略了應該去珍惜這塊土地上季節更替的美景，
尤其是臺灣獨有的人情味道、美食小吃，
總是可以讓旅人從胃暖到心底，
成就一趟趟完美私旅。

每次出國，我們不諱言來自臺灣；
美麗的福爾摩沙，
有著豐富多元的生活風景，
很希望也能有國際性的旅宿集團引進全新的旅店經驗，
開啟國人不同的旅行視野，
一定也會有不一樣的文化激盪。
不管旅行世界了多久，
臺灣，是最後也是唯一不變的回家方向。

RSL Hotel & Resort 瓏山林冷熱溫泉酒店
歐風時尚 靜謐的氤氳美泉地

距離台北都會不過一小時車程、被山海包圍下的瓏山林酒店，
距離宜蘭各觀光區都有點距離，因此保有難得的寧靜；
這裡的舒適有質感，有溫泉、有冷浴，
還有眾多可以讓小孩玩的遊樂設施，
是我們一再帶著小公主前來體驗的選擇。

住宿時間：6 次以上，每趟至少 3 天 2 夜

度假評鑑成績單　娛樂性★★★☆☆　親子性★★★★☆　住宿舒適度★★★☆☆　餐飲豐富度★★☆☆☆

常在國外度假村走動，總是很遺憾國內儘管有如此壯麗的山水風景，卻沒有一個可以讓人舒服地定點休憩的高檔度假旅店，尤其是對親子族群不夠友善這點，絕對在心目中就是大扣分。以這樣的角度思考，很推薦的就是位於宜蘭蘇澳的瓏山林溫泉度假酒店。

寧靜氛圍高質感

熱愛旅遊的我們，在懷著小公主的安定期間還不停出國旅遊；然而在小公主誕生後卻必須待在家裡照顧她好幾個月，對常往國外跑的我來說簡直是悶壞了；好在小公主從出生後就乖巧好帶，讓我們有勇氣興起了帶嬰兒旅遊的動力，以國內的定點度假村旅遊先行嘗試，帶著小公主出發。

不想距離台北都會太遠，又希望可以擁有鄉村般的開闊寧靜，我們的選擇就是前往宜蘭蘇澳瓏山林。位於蘇澳小鎮上的酒店，鄰近著小鎮最熱鬧的火車站和市街；由於不像礁溪溫泉區的酒店林立，觀光客多喧囂吵雜，這裡最熱鬧的區域依舊是平房，流露出純樸的城鎮風味，讓人走逛起來沒有絲毫壓迫感。

愜意親子時光

第一次來瓏山林也沒讓我們失望。因為酒店不接受團體客預約，所以這裡的人潮不會過度擁擠，服務也更為精細。從大廳接待開始，就能感受這裡的主人刻意以客為尊，將酒店環境維持高級水準與優雅的品質；選在非假日前來，就更能感受到這裡的靜謐與舒適了。

因為帶著小孩前往，首推的房型是和式套房，日本塌塌米的設計，就可以讓小公主在房間裡快樂又安全的爬來爬去，即使不出門也愜意。在房間湯屋可以邊泡湯邊享用下午茶，對嬰兒時期的小公主來說，客房中的湯屋猶如游池一樣大，絕對是親子戲水最好的地方；而湯屋望出去的風景也很宜人，讓人在氤氳中身心可以很快地舒緩下來。除了房間可以泡湯，12樓的裸湯也充滿了日式風情，不出國就有置身東瀛的錯覺，是我晚上想要一個人靜靜和天空對話的好去處。這間酒店還會貼心規劃各式行程或親子課程，有大人喜歡的健身房，也有親子閱覽室提供小朋友玩具、繪本，對於小公主來說已經是非常滿足。

酒店裡的餐飲也非常推薦，套餐式的早餐有4種選擇，現打的果汁飲料無限暢飲，讓人吃得到新鮮細節。而晚餐則是單點現做的多國式料理，結合蘇澳在地海味的食材，收納著各季的精采海鮮，是很可以放鬆大吃的好環境。

童趣的小鎮小日子

因為距離台北很近，蘇澳的美麗成為我們家短暫度假、轉換心情時的好地方，是我們很喜愛的臺灣角落；在豆腐岬的海灣戲水踏浪，感覺就像是離開了臺灣。

純樸臺灣味的漁村，光是散步就覺得很棒，
新鮮剛撈上岸的海底鮮味，加上有無數熱門
的、包含著童年古早味感受的各類小吃，像
是米糕、肉圓、陽春麵攤、涼意叭噗（冰淇
淋）等，感覺和我的童年生活連結在一起，
帶著小公主一起來體驗我記憶中的美食味
道，就會覺得特別幸福。

我們有時候也會在小鎮裡新開的咖啡館裡坐
坐，一家人就這樣聊天對話，或靜靜地看著
眼前這片湛藍海洋、和煦陽光，思想歸零，
專注著感受著彼此心繫在一起的甜蜜感動。
幸福感的油然而生，讓旅行記憶有了更豐富
的意義與內涵。

RSL Hotel & Resort
瓏山林冷熱溫泉酒店

客房數量：150 間
房價：每晚NT$7,200元起
地址：宜蘭縣蘇澳鎮中原路301號
電話：+886 3 996 6666
網址：www.rslhotel.tw

璀璨城市的縮影。
新加坡

Singapore

馬來西亞

新加坡

Raffles Singapore

Capella Singapore

新加坡海峽

Banyan Tree Bintan

Batam
巴淡島

Pulau Bintan
民丹島

印尼

印尼

亞洲

非洲

新加坡是個進步國度，
小小彈丸之地，卻已經是整個亞洲經濟發展的先驅，
擁有進步的金融、交通、港埠，
不僅集結了世界各地的精品品牌，
也匯聚了最新潮的科技新品，
夜晚幻化成璀璨的燈光城市，
讓人沉醉在海與燈和光影的舞動裡。

歷史發展下的新加坡對於文化保存也很積極，
從百年酒店可以一窺維多利亞殖民時代的品味和經典，
感受正統又典雅的英式風情。
這樣熱鬧的城市還是保有悠閒的一面，
聖淘沙上的南洋風情讓人卸下心防，
只想慵懶享受椰影陽光。
城市時而堅強、時而柔情，多變風味讓人流連。

Capella Singapore
賓至如歸的海島度假天堂

Capella Singapore是一間位於聖陶沙島的度假村式酒店，
擁有絕佳的地理位置及賓至如歸的貼心服務，使Capella成為新加坡星級酒店中的翹楚。

住宿時間：4 天 3 夜　　小公主成長日記：5 個月

度假評鑑成績單　隱密性★★★★☆　親子性★★★★☆　悠閒性★★★★☆　住宿舒適度★★★☆☆　餐飲豐富度★★★★

在聖陶沙島一處靜謐山丘上，Capella Singapore低調又優雅地聳立著，從昔日的軍事建築，搖身一變成為迎接各地旅客的度假酒店。經過百年洗禮，Capella加入新元素，繼續服務旅客的同時也迎接新加坡的下一個百年。

像家一般的照顧

這次我們帶著小公主來到新加坡，選擇了聖陶沙島上的六星級度假酒店Capella。新加坡真的不大，大多數旅客主要在市區觀光，參觀知名的景點或是去遊樂園玩一整天。可是我們不選市區的酒店，而是選了Capella，主要就是想體驗度假村的悠閒。

我們常在國外旅行，見識過各種各樣的酒店，所以一家酒店的服務品質是否良好，馬上就能感受得到。從抵達Capella開始，酒店的細心服務就讓人感動；一進大廳，才坐下休息，服務員立刻就遞上毛巾與飲料來紓解旅客的疲累。接著由專人帶領到入住的房間，而在入住期間若有任何需要，也有私人管家即時提供服務。設想如此周到，只為了每位住客都能擁有愉快美好的回憶。所以一間酒店如果能讓人慕名前來，絕不只是建物氣派豪華而已，服務的軟實力—貼心、呵護的照顧才是讓人念念不忘，流連忘返的主因。

建構在有歷史的建築上

Capella這間度假村位於聖陶沙島的山丘上，它的起源最早追溯到1880年英國殖民時期。當初我們預訂時只知道Capella是一間有歷史

背景的知名酒店，等到實際入住才體會到酒店本身濃厚的歷史氣息。Capella的主建築是兩棟舊式平房，馬來語稱為丹那美拉（Tanah Merah意思是 "紅土"）。這些殖民風建築是英國海軍遺留下來的，由於年代久遠又曾具備軍事價值，已於2008年7月被正式列入法定保護成為古蹟。

Capella的房間無論任何房型都有景觀可欣賞，並且每間都具備了寬敞的空間與人工智慧設備。安頓完旅途的疲憊，我和先生帶著小公主在Capella隨意漫步。我們站在丹那美拉的迴廊下遠眺新加坡港，觀看遠處船隻不停地進進出出。傍晚時分，我們欣賞到火紅的太陽

緩緩西沉，晚霞染紅了平靜的海面；到了夜晚，船隻上的燈火照耀港灣，形成另一種令人陶醉的美景。我們聽工作人員提起，當初英軍會在聖淘沙島設置海防基地，就是因為這裡可以掌控新加坡港，是絕佳的制高點。

丹那美拉建造之初除了作為軍事要塞，也負責軍官及其眷屬們的生活起居。像早期的軍官食堂就提供了軍官及眷屬用餐和進行娛樂活動之用，因此食堂旁邊另設有網球場；除了用餐之外，一些派對活動也會選在這裡舉行。另外，每到聖誕節及新年，這裡也會舉行慶祝活動，並且按照英軍慣例，港口的船會以鳴笛方式迎接新年到來。

海島風光 渾然天成

經過整修與重建的丹那美拉，與後來增建的弧形現代建築完美融合，配合綠意盎然的熱帶雨林庭園設計，讓人很難不感受到別有情趣的度假氛圍。站在亞洲大陸最南端的島嶼上，一望無際的中國南海儼然成為Capella的後院，海島風光毋須刻意、渾然天成。

我們驚喜的發現，這座度假村內總共有大大小小四個不同的公共游泳池，形狀各異，造型特殊，盛裝碧綠清澈的池水，替所有住客帶來沁人的涼意，即使不下水，光是在池邊乘涼，就彷彿讓炎熱的氣溫下降好幾度！在Capella處處都能感受到氣氛與環境非常放鬆，沒有擁擠的人群和繁華喧囂，週邊的一切是如此自然和諧，會在不知不覺間就愛上了這裡。

小公主玩沙初體驗

在Capella讓我們一家三口最難忘的，就是小公主玩沙初體驗了。那時候小公主還非常小，是個才四個月大的嬰兒，我和先生抱著她，從酒店後面一路走到聖陶沙的公共海灘。因為之前沒有帶她到沙灘上的經驗，所以我只拿了一條小毛巾鋪在沙灘上，讓小公主坐在上面給先生拍照。沒想到一轉頭，下一秒小公主就臉朝下趴到沙灘上。看著女兒滿臉沙我們一時間不知所措，就拿起手邊的一瓶礦泉水朝小公主頭頂淋下去。結果小公主倒下去沒哭、臉沾到沙沒哭，反而是被灑水嚇到嚎啕大哭。看到女兒大哭我們更加手忙腳亂，只好趕忙收拾回到酒店，結束了這趟有點慌亂的小公主玩沙初體驗。

後來看到大家到沙灘都帶大毛巾，才知道我只帶小毛巾是不夠的；而且不只是毛巾，還要帶野餐墊；而且最好去酒店的專屬沙灘，因為服務員都會幫忙準備齊全，人只要過去就行了。小公主難得的初體驗雖然狼狽收場，但也成為我們在新加坡難忘的回憶。

孔雀陪著吃早餐

Capella一共有三間餐廳，一間是提供中式粵菜的Cassia餐廳；另一間The Knolls 則是以地中海飲食為主的西式餐廳，這兩間都有提供露台座位。還有一間是可以欣賞到新加坡落日美景的酒吧Bob's Bar。

每天早上會到The Knolls享用豐盛可口的早點，他們不僅每天更換菜色，而且除了自助餐台的料理外，另外也提供鬆餅、歐姆蛋等現做餐點。其中最特別的地方在於，The Knolls的露天座位，在住客用餐時，會有酒店放養的孔雀在一旁走來走去，運氣好的話還可以目睹孔雀開屏，這是我們在其他酒店沒有遇過的。

整體來說，我們對Capella感受極好。酒店貼心的服務、寬敞舒適的房間、讓人放鬆的熱帶風情，以及孔雀陪吃早餐等，都留下深刻印象。手忙腳亂的小公主玩沙初體驗也令人難忘。下次等小公長大一點，我們會再回到這裡重溫玩沙的樂趣。

**Capella Singapore
新加坡嘉佩樂酒店**

客房數量：112間
房價：每晚NT$15,000元起
地址：1 The Knolls | Sentosa Island, Singapore 098297
電話：+ 65 6377 8888
網址：www.capellahotels.com

Banyan Tree Bintan
愛上美好的天然

要前往印尼民丹島得由新加坡搭船進入，
特別的方式讓島上擁有許多知名度假村，
Banyan Tree Bintan也坐落此處。
因為暖化的關係氣候異常，也影響了這美麗的島嶼，
多年的旱災物資缺乏，很多物資都需要從外面運到島上，
期待這珍貴的資源能讓大家感受到環保的重要。

住宿時間：5天4夜　　小公主成長日記：5個月

度假評鑑成績單　隱密性★★★★★　親子性★★★☆☆　悠閒性★★★★☆　住宿舒適度★★★☆☆　餐飲豐富度★★★☆☆

曾經造訪過Banyan Tree Bintan，幾年後再回到這裡，除了讚嘆日出與夕陽依然美麗沒有改變，建築也還保留著原來的風華，這樣的感覺讓我好感動，不枉費我安排家裡的新成員小公主來到這裡一遊，享受最美麗的風光。雖然這次多了一個寶貝的加入，我和先生依舊喜歡在清晨打開窗戶，躺在房間裡欣賞光彩絢麗的日出，細細感受雲彩的層層疊疊萬千變化，然後，再啜一口咖啡，讓微苦的清香喚起感官知覺，盡情享受這快樂的美好。

好可以更好的Banyan Tree Bintan

民丹島一部份是印尼政府租借給新加坡管理開發，這個地點一直有「新加坡人的後花園」的暱稱，坐上動力郵輪一小時之內即可到達，交通的便利受到遊客們的喜愛。

這間Banyan Tree Bintan是隨著山坡地形建築在半山腰上的模式，與寧靜的大海比鄰而居，周圍天然的原始叢林自然景觀交疊，林蔭茂盛，擁有豐富的動、植物生態，白色沙灘環繞四周，是一間獨立又獨特的建築，酒店的建築帶有一些峇里島風，高腳屋子高低錯落讓每個房間視野更好不會被遮蔽，熱帶雨林的奔放就是最佳的放鬆。

隔了幾年再來這裡度假，好像是回到熟悉的地方，進大廳看到桌上的茶似乎在歡迎我回家，疲憊的心瞬間被撫平。接著酒店人員帶領我們回到休息的房間，進入房間撲鼻而來一股的淡淡的幽香，本來舟車勞頓之後的我只想趕快休息，沒想到發生一點小插曲。喜歡拍照的先生覺得茂密的樹擋住了拍照的角度，經過溝通換了兩次房，但換房的過程中發現有會說中文的服務人員在現場，不明白的是為何不派會中文的服務人員來溝通，卻請只會說英文的服務人員溝通。雖然最後終於塵埃落定，但總覺得可以更完善。不過仍是感謝酒店的配合，讓這次的旅遊更完美了。

啟動中的度假模式

房間內的陳設窗明几淨，充滿著熱帶風情，樸拙沈穩的木質傢俱、柔軟舒適的大床，窗邊還放著大大的沙發，讓人只想慵懶的躺著看書，戶外有淋浴間及按摩浴缸，還有頂級

的沐浴備品,面對窗外就是沒有任何瑕疵的藍色海與天,白雲飄過更顯悠閒。

海島度假總喜歡嘗試不一樣,由於多樣化的地理環境,酒店的活動也很多,不論是動態或靜態都可以依個人喜好選擇。水上活動也非常精彩,可以騎水上摩托車、潛水、衝浪、滑水、駕馭風帆、到海邊種珊瑚和水中健身,也可以參加紅樹林探訪遊程,感受珍貴的熱帶雨林生態,或是騎單車、做瑜伽、打高爾夫和跑步等,活動的安排讓行程更豐富,大人小孩都能玩得盡興。但對我們來說在酒店裡散步、游泳就很足夠,帶著小公主到海邊看海或在泳池畔玩水,享受親子互動的每一個甜蜜時刻,這樣的日子真是再幸福不過。

Banyan Tree Bintan
民丹島悅榕庄

客房數量:64棟
房價:每晚NT$10,000元起
地址:Banyan Tree Bintan, Jalan Teluk Berembang, Laguna Bintan Resort, Lagoi 29155,Bintan Resorts, Indonesia
電話:+62 770 693 100
網址:www.banyantree.com/en/ap-indonesia-bintan

Raffles Singapore
百年風華　名流士紳聚集處

就像是半島酒店之於香港，
擁有130年歷史的Raffles Singapore是新加坡奢華歷史旅店中的經典。
蘊藏著殖民時期的建築特色，也是世界知名雞尾酒新加坡司令（Singapore Sling）的發源地，
百年來名流士紳在這裡出入、締造歷史，猶如史詩般讓旅人雋永回味。

住宿時間：4天3夜　　小公主成長日記：5個月

度假評鑑成績單　隱密性★★★☆☆　親子性★★★★☆　悠閒性★★★★☆　住宿舒適度★★★☆☆　餐飲豐富度★★★★

以殖民建築風格聞名的Raffles Singapore，是新加坡奢華歷史旅店的代表。建於1887年，最初是由Sarkies兄弟建造了這棟當時只有10間客房的濱海獨棟木屋，並且以當時將新加坡創建為海港城市的萊佛士爵士為名。130年的風華歲月，多次的轉手和擴建，也見證了新加坡的起伏和興盛，是最能代表這個國家的經典頂級酒店。

一個世紀的淬鍊

說到Raffles Singapore的歷史，就等於是在端詳新加坡的發展史，1887年的Raffles Singapore小巧玲瓏，具有維多利亞時代風格，後來歷經不斷地改裝和擴建，並且在1929年的經濟大蕭條年代短暫關閉，1933年再次營業。二戰期間曾經變身集中營，戰後才再次展現光輝。因為歷史建築極具特色，1987年被新加坡政府明訂為國家級古蹟；本來的經營者是萊佛士國際酒店集團，後來再轉手給美商Colony Capital LLC。

多舛的命運並沒有影響Raffles Singapore的名氣和服務水準，這130年來這裡依舊是不同時期政商名流堅持要入住品味的經典，像是約瑟夫‧康拉德、魯德亞德‧吉卜林、卓別林、麥克‧傑克遜，喬治‧布希、伊麗莎白泰勒、威廉王子和凱特王妃等都曾下榻在這間酒店裡，成為新加坡市區最知名的酒店之一。

閱歷不同的經典

殖民風格的華麗建築向來吸引著我的目光，對於這間非常有名氣的酒店，當然不能錯過，一定要親身前往感受氛圍。在印尼民丹島待了4天之後我們回到新加坡市區，自然就決定選擇住在這裡。

Raffles Singapore的殖民建築風格因為被完美保留,與周遭商業區的高樓大廈形成強烈對比,卻也更顯得尊貴美麗。帶著小公主來住這類型的歷史酒店其實有點掙扎,因為有歲月的歷練自然也多有一些特別的傳說,擔心孩子不安躁動。

但是當我們進入酒店後,感受到的是頂級酒店所該有的服務和品質,加上小公主也表現得相當興奮且愉快,我們也就放心的品味這裡的經典。酒店的風格是傳統融合著現代,大廳的黑白地板留存著舊時風華,著名的長廊除了有新加坡最具歷史的裁縫店,現在也擁有許多名品進駐,流洩著典雅的復古韻味。如果對酒店歷史有興趣,可以預約導覽行程,由駐店歷史學家,也是在其中維護部門工作40多年的老員工陪同下,發掘酒店的秘密。

酒店裡除了中庭花園值得遊逛,長廊酒吧則是遊客不能錯過的地方。這裡是世界著名的雞尾酒「新加坡司令」的發明地點,1915年由酒保Ngiam Tong Boon所發想,受到許多人的喜愛。這座長廊是目前新加坡唯一允許「亂拋垃圾」的地方,來飲酒的客人可以在吃花生之後把花生殼直接扔到地板上,連服務生在清潔桌面時都是用手直接將花生殼揮到地上。享受在新加坡丟垃圾的快感,是不是很有趣哩!

Raffles Singapore
新加坡萊佛士酒店

客房數量:103間
房價:每晚NT$20,000元起
地址:1 Beach Rd, Singapore 189673
電話:+65 6337 1886
網址:www.raffles.com/singapore

中西交會
絢爛之都。
澳門

M a c a u

珠海

珠江口

中國

澳門

Pousada De Sao Tiago

友誼大橋

外港

西灣大橋

氹仔

Bayan Tree Macau

路氹

珠海

路環

亞洲

非洲

小小澳門是個獨特城市，
曾被葡萄牙殖民的歷史，
讓它奇妙地成為世界唯一中葡文化融合共存的地方。
地方雖小卻處處古蹟，
光一條街，
就可以從「東方拉斯維加斯」連接到「東方梵諦岡」，
隨時可以體會時光倒轉後的中西文化交會光亮。

澳門也有著「東方拉斯維加斯」之稱，
重金打造的賭場每間比大比奢華，
免費的秀和表演從白天熱鬧到午夜，
雖然紙醉金迷，卻也絢爛美麗，不只讓賭客流連忘返，
觀光客也愛來這裡欣賞金錢帝國的奇幻魅力，
中西古今並存的千姿百態，是唯有澳門才呈現的繽紛。

Bayan Tree Macau
聲光城市裡的優雅存在

我愛的度假目的是遠離塵囂，來到了五光十色的澳門，自然就少了這份悠閒，
但也多了份娛樂聲光刺激，其實也是種新鮮嘗試。
悅榕庄不失高雅大器氛圍，躲在舒適的房間裡還是可以享有寧靜的城市角落，
感受不一樣的澳門時光。

住宿時間：5天4夜　　小公主成長日記：6個月

度假評鑑成績單　隱密性★★☆☆☆　親子性★☆☆☆☆　悠閒性★★☆☆☆　住宿舒適度★★☆☆☆　餐飲豐富度★★★☆☆

因為喜歡海島風的度假方式，所以五光十色的澳門一直沒有列入口袋名單；沒想到偶然因為購物得到了臺灣最高大樓購物中心所贈送的滿額禮－澳門悅榕庄機票加酒店的套裝行程，當然要好好利用這次機會認識一下澳門。

嚴格來說，澳門是個特別的城市，由於主權曾分屬中國與葡萄牙，使它保有迷人的中葡文化並存特質。融合了些許葡國浪漫海洋性格，承襲了中國固有的人情味濃，都讓她顯現了獨特。加上因為開放賭場觀光，可以玩的面向變得更多彩豐富了。

舒適私人泳池房型
賭場城市的奢華饗宴

悅榕庄是個國際知名的五星級酒店品牌，水準一直都維持得很好。這座酒店位於澳門路氹島的澳門銀河綜合度假城內，已是區域裡最高檔的酒店，外觀金碧輝煌展現了氣勢，內裝則是維持悅榕庄一貫的低調奢華，大紅的色暈運用讓酒店充滿了神秘感與隱私，也傳遞了中國風的特色。

這裡的服務人員也很夠水準，看見小公主這樣的小寶寶，會爭相來幫忙照顧、逗小孩

笑，讓我可以在這裡好好享用餐點。這裡的每間套房都相當寬敞，房間展現大器的現代化配備，加上每間都有私人泳池，這是小公主最喜歡玩樂的房間角落。可惜的是因為距離樓下賭場還是不夠遠，晚上賭客們的喧囂笑鬧很難避免，而五光十色的城市光芒也讓身體無法全然放鬆，感覺自己離年輕時的玩樂人生越來越遠了，現在身體和心靈最渴望的就是自然放鬆的度假方式，因此很可惜沒能好好感受到悅榕庄的尊貴。

不過如果是來澳門遊玩，我想這間區域內最高檔的五星酒店的確還是首選，也推薦給喜歡來澳門度假的親子呢。

Bayan Tree Macau
澳門悅榕庄

客房數量：256 間
房價：每晚NT$11,000元起
地址：中國澳門路氹城蓮花海濱大馬路
電話：+853 8883 6888
網址：www.banyantree.com/zh/cn-china-macau

住宿時間：5 天 4 夜　　小公主成長日記：6 個月

度假評鑑成績單　隱密性★★☆☆☆　　親子性★☆☆☆☆　　悠閒性★☆☆☆☆　　住宿舒適度★☆☆☆☆　　餐飲豐富度★☆☆☆☆

Pousada De Sao Tiago
離奇況味的古堡奇遇記

有時候要嘗試住有歷史的古堡酒店需要膽量。
這間洞穴古堡酒店頗負盛名，但卻與心目中理想的五星酒店有差距，
小孩的敏銳不能忽視，所以必要時還是要以小孩安全為優先考慮。
雖分不清是現實還是夢境，但這次古堡住宿經驗還是充滿了驚異。

因為不想在熱鬧的澳門市中心待上5天，想要體驗不一樣的旅館風情，所以我們在澳門的另外2晚就選擇了在網路上評價很不錯的五星古堡酒店－聖地牙哥古堡酒店。

軍事堡壘變身的酒店

這是間極具歷史的酒店。前身是1629年，當時澳葡政府為了防衛海盜入侵所修建完成的軍事砲台堡壘；直到1978年由澳門政府將這座砲台堡壘改建，才成為現在風韻猶存、擁有12間套房的酒店，很受到熱愛古典華麗風格的房客喜愛。有了這樣具有故事性的歷史背景，讓我們也想入住看看、一探究竟。

這間酒店從入口處就令人感到吃驚，享是玩捉迷藏似的，房客必須從一座不顯眼的白色棚子裡走進去，爬上一段位於有泉水滲出的山壁隧道後方的石砌階梯，盡頭處才是酒店的櫃台；彷彿稍一閃神就會錯過了這間酒店。因為是在地的歷史指標建築，所以這裡

處處留存著葡萄牙建築風格的特色，像是藍彩壁畫磁磚、鑄鐵雕花欄杆、拱門和小徑等，而新舊交錯的空間配置與昏暗的石壁走廊燈光，也讓人有種時空交錯的迷離空間感。後方還有一座古意盎然的天主教教堂，因為很少人進出，也流露著一股神秘氣息，如果電視想要拍攝舊葡國時期的澳門穿越劇，我想這裡應該很適合。

這裡的服務生不多，就只有6個人，必須按服務鈴才會有人出現；而服務人員的年紀普遍也不小，要叫比自己年紀還大的老人協助說不過去，所以索性很多事情就自己來，感覺就是與認知的五星酒店很不一樣。連泳池的落葉都沒有打掃，或許是觀景用的也說不定了。

夜半夢境驚魂記

抱著困惑也深感趣味的態度在這間酒店住了3天2夜，第1夜其實還睡得安穩，但是第2晚的半夜，卻被自己的可怕夢境嚇醒。在夢中感

到身體似乎被壓住、極度不舒服，因為太害怕地想要掙脫，終於嚇醒，沒想到這時候小公主也在同一時間用力大哭，哭到全身抽蓄甚至僵硬，因為從未看過小公主這麼哭過，立刻驚覺事情不對，也不知道是不是哪裡不舒服，於是立刻和先生抱起小公主想衝去澳門醫院就診。

沒想到和櫃台服務人員溝通不良，我和先生只好帶著大哭的小公主先到酒店外的河堤上吹風冷靜，安撫她的情緒。不久，她的狀況穩定後我們才回到房間，但這次卻怎麼也不敢再摸黑睡覺了，只能把廁所的燈打開，提心吊膽地睡著，隔天才收拾行李快快離開酒店。

這種分不清夢境還是現實、科學沒辦法驗證的夢境，其實很難說是酒店的原因，但為了小孩子的安全，回國後還是盡快安定小公主的情緒和心情。有年代感的古堡，還是比較適合膽子大的房客來住宿嘗鮮，但對著小朋友的家庭來說，可能真的不太適合。

巷弄間的澳門趣味

雖然住宿經驗不好，但我們還是趁機去了澳門市區瀏覽參觀。葡式蛋塔非常有名，觀光客也非常多，但真正讓我著迷的不是蛋塔，而是這些店家的門牌，磁磚上以藍彩繪上路名，留有舊葡式的慎重與趣味。觀光客多的街道不太能吸引我，我們於是朝老街逛去。老街上路人寥寥無幾，和觀光街形成明顯落差，舊房子上貼滿春聯，是個被審慎對待的古老中國，有新穎、有懷舊，好像得到了甚麼又好像失去了甚麼，我想澳門人應該很了解，心中也會有點感傷和感慨吧。

Pousada De Sao Tiago
澳門聖地牙哥古堡酒店

客房數量：12間
房價：每晚12,000元起（2,888港幣）
地址：Avenida da República, Fortaleza de São Tiago da Barra, Macau
電話：+ 853 2837 8111
網址：www.saotiago.com.mo

法式香頌
溫柔婉約。
越南

Vietnam

中國

河內 ⊙ Sofitel Legend Metropole Hanoi

寮國

峴港 ◎

越南

南海

An Lam Villas
Ninh Van Bay

Evason Ana Mandara
Nha Trang

芽莊市 ◎

Mia Resort Nha Trang

柬埔寨

Amanoi

胡志明市 ◎

亞洲

非洲

曾被法國殖民的越南，有著濃濃法式情調，
擁有一千多年歷史的首都河內，
流經市區的紅河彎彎曲曲，十足溫婉。
要體驗這個融合了東西方魅力的城市，
一定要選擇一間有歷史風韻的旅店住下，
用法式香頌和懷舊古城來一場約會。

越南中南部的另一個城市芽莊，
則是迷人的海邊度假城市，
因為擁有越南最漂亮的海岸線，
吸引了世界各大頂級酒店集團進駐，
度假村的規模和精緻超乎想像；
來到這裡步調放緩，沉潛心靈、柔和感官，
讓身、心、味覺一同體會浪漫悠閒情調。

Evason Ana Mandara Nha Trang
如夢似幻的度假國度

Evason Ana Mandara是屬於Six Senses六善集團經營的度假酒店，
一棟棟的花園別墅Villa天然又原始，不被干擾的私人空間，貼心的私人管家服務，
享受家一般的自在，讓整段旅程中都有完美的印象。

住宿時間：3天2夜　　小公主成長日記：7個月

度假評鑑成績單　隱密性★★★☆☆　親子性★★☆☆☆　悠閒性★★★☆☆　住宿舒適度★★☆☆☆　餐飲豐富度★★★☆

這是第二次來到芽莊的Evason Ana Mandara Nha Trang，芽莊是個沒有理由不選擇的度假勝地，這裡的風情完全顛覆我對越南的印象，明亮乾淨的街道、優美的環境，四通八達又寬廣舒適的道路交通，城市建設完善，氣候四季如夏，讓人第一眼就愛上。這次的度假與上次前來時不同，多了我的小公主寶貝，與她一起共享美好的環境，是讓我再次選擇來到這裡的動力，所以安排了這趟令人難忘的旅程。

獨一無二的尊榮

Six Senses六善集團旗下在世界各個度假勝地都有據點，不論是Six Senses或Evason還是Six Senses SPA都享有良好的評價，高檔服務品質自然不在話下，而Evason Ana Mandara這個讓我再次選擇的度假Villa，擁有很好的環境和服務，是很適合親子旅遊的度假村。

這個度假村親切的服務總是給我驚喜，環境讓人一看到就身心愉快又放鬆，而服務人員也非常專業，如家人般的關懷讓我們賓至如歸，並願意再來一次。雖然臺灣對芽莊有點陌生，但其實這裡已經是很多歐美人士喜愛的度假地點，純淨湛藍的海洋、乾燥舒爽的空氣，不同於一般的濕黏海風，格外清爽，迎面吹拂非常舒服；柔軟細緻的白色沙灘綿延無盡，和遠方的山巒連成一氣，小公主總愛一邊坐在沙灘上咿呀咿呀地挖著沙，探索著新奇事物，一邊陪伴我們曬太陽、吹海風，享受人生的美好。

傳統與現代結合

一進入酒店感受到的就是文化的融合、樸實、低調、平易近人，曾經被法國統治與中國文化洗禮的越南，在建築上發展出獨特的風格。一座座設計精美的涼亭，最適合發呆放空，四面簍空的屋頂上方蓋有中國風的磚瓦，每個角度都能望向海洋；庭園角落擺放許多越南傳統的陶罐，每一件都趣味可愛，躺在充滿雞蛋花香的花園裡感受空氣的流動、觀賞池塘裡盛開的蓮花和周圍的花草互相對話，就是這樣的環境，令人一整個輕鬆且回味無窮。

度假的別墅Villa房間有許多不同風格，不論是沙灘、海景或園林造景這裡都有，這次我們選

擇寬敞有露台的房間入住。優雅的越南風格佈置得典雅大方,一張公主帳的大床看起來舒服極了,推開門就可以進入私人沙灘,不會受到別人打擾,這樣的環境最適合小孩活動。尤其是到了夜晚,無光害的夜空繁星點點,多到數不清,彷彿伸手就可以摘到星星。房間裡的其他設施一應俱全,像是隱密性極好的戶外大浴缸、淋浴室、種類多樣的迷你吧、越南特色的茶及咖啡、電視、獨立的空調等,讓人在美景旁享受最便利的一切設備。

值得一提的就是,來到越南就是要嘗試一下越南的小吃 "河粉 Spring roll" ,酸酸的口感很

開胃,我很喜歡當地食物,吃不膩的味道。可惜先生在出發前已腸胃不適,沒辦法好好享用,甚至還叫了醫生來房間看診。芽莊當地有24小時服務的醫生,若真的有需要可以請酒店接洽,也會得到很好的醫療和服務。

Evason Ana Mandara Nha Trang
安娜曼達拉愛梵森酒店

客房數量:74棟
房價:每晚NT$7,500元起
地址:Beachside Tran Phu Boulevard, NHA Trang, Vietnam
電話:+84 58 352 2222
網址:www.sixsenses.com/evason-resorts/ana-mandara/destination

An Lam Villas Ninh Van Bay
絕景風光的天堂之島

An Lam Villas位於風景優美的寧凡灣（Ninh Van Bay）地區，
度假村離芽莊市中心僅有17公里，並且比鄰猴子島與Vinh Luong Market等景點；
建於山丘上的別墅可俯瞰整片芽莊市區。
An Lam度假村獨立座落在一處小島上，擁有私人沙灘及高水準的服務，
使每位前來的遊客都能在此處盡興度假。

住宿時間：6天5夜　　小公主成長日記：7個月

度假評鑑成績單　隱密性★★★★★　親子性★★★☆☆　悠閒性★★★★☆　住宿舒適度★★★★☆　餐飲豐富度★★★☆☆

An Lam度假村共有33間大小各異、裝潢精緻的Villa，每間Villa都有專屬的私人管家，提供貼心週到的服務。附屬在酒店內的公共設施包括：無邊際泳池、羽球場、小船、獨木舟、飛鏢場、登山步道，以及潔白的沙灘等，這些所有的軟硬體設施，都是要讓住客在彷彿與世隔絕的桃花源裡，享受純然放鬆的假期。

迎接老朋友

這次到越南，我們選了一間沒住過的島嶼型度假村An Lam Villas Ninh Van Bay。因為先生覺得這個品牌沒體驗過，所以選擇前往嘗鮮。這間度假村在靠近越南芽莊的寧凡灣小島上，進出都必須乘坐酒店遊艇才能到達。由於小公主已不是第一次搭船，所以對於要坐遊艇這件事並不緊張。然而不巧的是，當天到接駁碼頭準備搭船的時候，才發現風浪很大，那時才意識到坐船過程會很顛簸，尤其酒店派來接我們的船非常小，讓我更擔心萬一出事怎麼辦……。幸好最後我們平安到達，而且當時還是baby的小公主，在爸爸懷裡睡得很熟沒受到驚嚇，才放下心。

除卻這段緊張刺激的交通，接下來的經驗只能用賓至如歸形容。當遊艇快要到岸時，已經等在碼頭前準備迎接的酒店服務人員，不是一個人，而是一群人。光是這點就足以顯示他們待客的誠意！等我們離開時，也同樣有一群人前來道別，真的就像在迎接與歡送老朋友，讓人充滿感動。

無懈可擊的景色

因為在搭遊艇前已經先辦理了入住手續，所以專屬的私人管家直接帶我們到房間休息。An Lam總共有33間Villa分佈在島上，每間房都是單獨一棟，而且彼此有段距離。沿途所經之處，花草扶疏綠意盎然，而且幾乎每棟Villa都有小小庭園，自成一方天地。

進到房間之後環顧四周，視線所及背山面海，整體景觀無懈可擊。我發現無論是房間內客廳、臥室的陳設，或是外面與環境融為一體的泳池、露台、發呆亭，都蘊含了設計巧思，確保每位房客不管身在何處，都絕對的享受。

我們帶小公主遊歷過許多知名酒店，卻很少能像An Lam一樣既背山又面海。在這裡打開窗，寧凡灣的湛藍海水近在咫尺，潔白的沙灘等待人們來造訪。因為海天連線的畫面實在太美，在我們下褟期間，我經常抱著小公主坐著看海，看著看著什麼煩惱都沒了。

這座島很特別的是有丘陵起伏。某些房間就蓋在山坡上面，居高臨下俯瞰海灣甚至市區芽莊。丘陵山勢不算太高，但也頗有氣勢，住客可以沿步道好好瀏覽。先生為了拍到好照片，找了導遊領路特地爬到山上去拍照，卻不慎跌倒受傷，還好傷勢並不嚴重，而且帶回珍貴照片，算是不幸中的大幸。

閃爍的星空

我們第一次來到An Lam，真是處處驚豔。因為從接待、服務到環境與景觀，都具備了五星級酒店的國際水準，在細節上毫不馬虎。例如細心的在門上掛著刻著 "Busy Relaxing" 的手工雕刻木製吊飾，意思是房客正在休息，提醒房務人員不要進來打擾。每間房還配備一台咖啡機，隨時都能喝到香醇咖啡。另外，如果不想到公共餐廳用餐，也可以請酒店廚師到房間下廚享受南洋風味料理。這些貼心設想，都讓我們覺得選擇這間度假村很值得。

當然An Lam最令我印象深刻的還是它的天然美景。小島面向美麗的寧凡灣，無論清晨或黃昏都有三兩房客在沙灘上漫步，碧海藍天伴隨一波波海浪聲，讓人流連忘返。我們一家人也常到沙灘散步，讓小公主開心地玩沙、玩貝殼，順便用相機留下一張張她充滿笑容的影像。到了晚上，星星灑滿夜空，滿天星斗閃爍，亮得彷彿就在眼前。這樣的星空和人工創造的都市夜景完全不同，要在沒有光害的地方才能夠見到，彌足珍貴。

天堂般的感受

住在An Lam幾天後，慢慢發現他們很懂得利用天然資源。我們在散步的時候，意外發現Villa的屋頂運用大量的竹片搭建，設計師利用竹子作為建築素材，形成An Lam獨樹一幟的風格。另外是遍佈室內外的搖椅。搖椅是用木板做成，可以容納1~2人，坐在上面搖呀搖很舒服，尤其如果情侶一起乘坐有種浪漫感覺。小公主也喜歡坐搖椅，讓她坐在上面她都會很開心。而最特別的是，酒店會利用空地種植蔬菜供餐廳使用，現採的蔬果既美味又新鮮。如此一來，不但省去部份運輸的麻煩，並且使土地得到充份的使用。

這間酒店營造出無時無刻都有休息的空間。無論搖椅、露台或是發呆亭，到處都能找地方坐下來，讓自己沉浸在畫一般的世界裡。其中我最喜歡欣賞湖景。島上有座湖很美，除了沙灘外就是這座湖的景色特別美。有一天清晨我們就在房間裡用早餐，邊品嚐美食邊欣賞景色，那一刻真的覺得置身在天堂。

越南美景不只有下龍灣，還有其他許多地方值得造訪，例如寧凡灣。寧凡灣附近有許多小島，這些島一個個都被開發成度假村，星羅棋佈，各有特色，未來很有潛力成為不遜於印尼峇里島的另一個度假勝地。

這趟旅程讓我們留下深刻的印象，每天都過得非常開心，尤其餐廳的服務人員相當親切，不但記得我們的名字，而且至始至終都保持著笑容。這樣賓至如歸的服務，讓人想忘記也難。如果要列出「想再次回味」的酒店名單，我想我會將An Lam Villas Ninh Van Bay放入口袋。

An Lam Villas Ninh Van Bay
越南阿藍寧凡灣別墅度假村

客房數量：33 間
房價：每晚NT$12,500元起
地址：Tan Thanh Hamlet, Ninh Ich Commune, Ninh Hoa District, Nha Trang City, Khanh Hoa Province, Vietnam
電話：+84 58 3624 964
網址：www.anlamnvb.com

Amanoi
渾然天成的陽光度假地

Amanoi位於越南最大的自然保護區、芽莊南部的Nui Chua國家公園裡，
毗鄰東海，遙望東側榮海灣（Vinh Hy Bay）。
巧奪天工的自然景致，以及一年高達300天的日照天數，
使Amanoi成為渾然天成的度假勝地。
Amanoi於2013年開幕，隸屬於向來以獨步全球的地理景觀聞名的Aman集團，
承襲品牌風格，壯麗秀美風景令人讚嘆。

住宿時間：5 天 4 夜　　小公主成長日記：7 個月

度假評鑑成績單　隱密性★★★★★　親子性★★☆☆☆　悠閒性★★★★☆　住宿舒適度★★★★☆　餐飲豐富度★★★★☆

Aman是我和先生都非常喜愛的酒店品牌，Amanoi是Aman旗下在越南新開幕的度假村，因為見識過Aman的魅力，所以毫不猶豫選擇入住。Amanoi座落在Nui Chua國家公園裡面，我們光是從芽莊到國家公園就花費將近3個小時的車程，到了當地才發現這是一座藏在森林裡的頂級酒店。

Aman的酒店之所以吸引人，在於他有能力在這些受保護的地域裡，以不破壞環境的方式去進行開發，並且與環境共存共榮；也就是在商業觀光和環境保護之間取得平衡。

下車後從山下又步行了一小段山路才抵達終點。沿途在這杳無人煙之地，看到了可愛的小羊還有清澈的海灣。在山上迎接我們的，是一棟接一棟東方意象的建築，在鬱鬱蔥蔥的樹林裡若隱若現。

無價的體驗

Amanoi不負期待，映入眼簾的景色—建築、湖景、樹林、沙灘全部美不勝收。進到房間後更是滿意，因為酒店依照我們事先要求，提供一間沒有任何遮蔽物的房間，這點是我們一向堅持的住宿要件。尤其先生喜歡拍照，長途跋涉來到這裡，就是為了獨一無二的景致而來。因此總會在訂房時加註此項要求，Amanoi也不厭其煩一再地進行確認，以確保我們提出的需求能夠一一滿足。

除了房間不能有遮蔽物之外，我們也提出需要小小孩副食品。小公主那時正是需要吃類似粥一樣的副食品年紀，出發前也和酒店詳細說明要如何製作；而廚房也真的按照我所要求的幫小公主準備。高規格的酒店真正價值在於提供生活上或心靈上的無價體驗，例如：細緻週到的安排、安靜舒服的休息空間，以及別處看不到的天然美景。酒店定位在不只是用來睡覺，而是感受和體驗生命就該如此美好。

不思議的美景

來到Amanoi首先會被他的建築吸引。建築外觀是藍黑色的飛簷、石灰色的外牆，乍看之下很像中國的廟堂，也帶點日式禪風，然而搭配細部的裝潢來看，天花板由原木搭建，牆壁大量留白，地板則以灰黑色石材與木條交錯，配合淺棕色的木質傢俱與擺設，褪去華麗的色調，更加突顯返璞歸真的意境。整體而言，這是屬於越南的風格，雍容而優雅、隱密而低調。如果不說這裡是酒店，初來乍到的人可能會以為是修行者居所。

大廳旁邊的無邊際泳池很美，之前入住過許多五星級酒店也都有這項設備，各家巧妙不同，但還稱不上稀奇。但Amanoi的突出之處是將泳池建在懸崖旁邊。設計師將這一處池水設計成與不遠處的Vinh Hy Bay融為一體，在視覺效果上真是太驚人了。想像一下，在懸崖旁游泳已經夠刺激了，而如果還能居高臨下遠眺海灣景色，那是多不可思議啊！這種震撼只有到過現場方能體會。

靜的體現

觀察Amanoi很快就能發現，它的軟硬體都是搭配環境而設計的。例如位於酒店中央的荷花池。這是一片寧靜遼闊的湖泊，在湖的後方有青翠綿延的山林，湖與林共同營造出空靈的氣氛。如同呼應這股空靈的氣氛，設計師特地在湖畔打造出練習瑜珈的場地，讓所有住客都能自由參加這項由外而內、洗滌身心的古老活動。

某天清晨我們一家人來到湖邊散步，正巧遇到瑜珈老師剛下課，他親切地和我們打招呼，雖然很可惜沒有體驗到Yoga，不過輕輕鬆鬆坐在瑜珈墊上欣賞湖景也是另一種悠閒體驗。

而在這個片刻，我彷彿第一次知道什麼是真正的「安靜」－靜到可以聽到風聲、魚兒的游水聲，甚至彷彿能聽到蝴蝶拍動翅膀的聲音。透過外在的靜，讓人得以觸動內心的真實，暫時放下紅塵世俗的煩惱，重新拾回內在的靜。

探訪鄉間

全球頂級酒店都在慢慢改寫旅館的定義，例如Amanoi重新詮釋了旅館的角色，不只是休憩的功能，還包辦了餐飲、嚮導，並結合地理環境、當地風情、歷史文化與生活體驗，甚至是心靈層面的感受。我們在Amanoi 短短幾天就充份感受到物質與精神層面的豐富體驗。

和其他Aman酒店一樣，Amanoi也提供多樣化的活動，讓旅客自行參加。我們透過酒店安排，參加一個探訪附近鄉間村落的行程，透過近距離觀察當地居民的生活，來瞭解越南的風俗民情。這個行程令人印象最深的是，當地小孩在河邊玩水、烤肉、游泳，他們坐在一種形狀像碗公的船裡，玩得相當開心。

看到他們歡樂的樣子，我們也感染了愉悅的心情。參加這項活動所繳的費用，酒店會提撥出部份回饋給當地村莊做建設經費，彼此形成一種合作關係。我們很支持這樣的理念，在旅遊的同時也為這個地方盡一份力。

這趟Amanoi之旅，無論是欣賞美景或心靈感受，都是豐富滿載。而小公主在Amanoi除了留下美麗照片，也因為她愛笑、不怕生又會給人抱的關係，讓喜歡她的酒店經理也成為了我們的好朋友。

看著小公主在國外無憂無慮的成長，我覺得她是幸運的；而作為陪伴小公主成長的我們，得到的幸福也無可比擬。

Amanoi
越南寧順安縵諾伊酒店

客房數量：36 間
房價：每晚NT$30,000元起
地址：PO BOX 10, Phan Rang City, Ninh Thuan
　　　Province, Vietnam
電話：+84 68 3770 777
網址：www.aman.com/resorts/amanoi

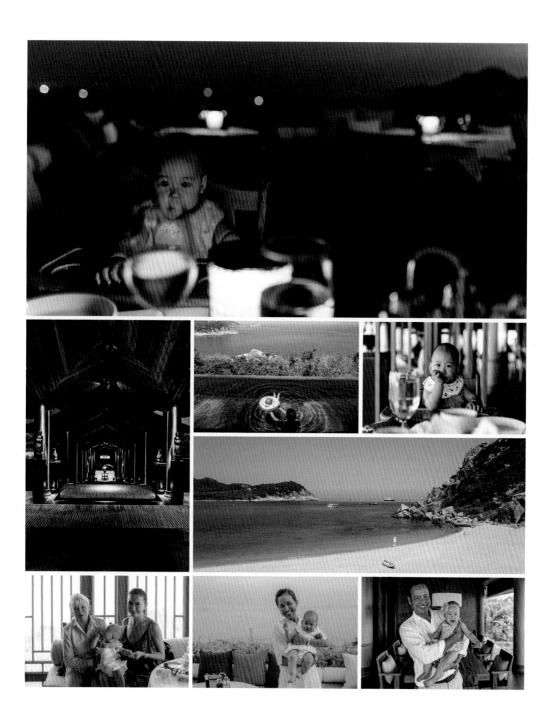

Mia Resort Nha Trang
意外的度假天堂

Mia Resort在越南有兩間度假村，
這次入住的是位於Nha Trang的一間小而美的精品度假村，
沿途山景、海景風光秀麗，乾淨細緻的海灘適合親子同樂，
可以讓慵懶旅人享受緩慢步調，
為喜歡放空發呆的人留一扇捨不得關起來的窗。

住宿時間：4天3夜　　小公主成長日記：7個月

度假評鑑成績單　隱密性★★★★☆　　親子性★★☆☆☆　　悠閒性★★★★☆　　住宿舒適度★★★☆☆　　餐飲豐富度★★☆☆☆

沒有想過Mia在芽莊的度假村會讓我如此的驚喜,從度假村綠建築的設計,還有私人鬆軟寬廣的沙灘、涼爽乾燥舒服的天氣、從房間看出去的山光水色草地上芬芳的雞蛋花,一草一木使人心曠神怡,這裡的確是值得一來再來的度假天堂。

遺世的巧妙珍珠

Mia Nha Trang距離胡志明市有一點距離,但附近有一個金蘭灣機場,只要15分鐘的車程即可抵達,算是交通方便。沿著蜿蜒的小山路行駛,不久就會到達Mia。它是一間位在山腰上的度假村,也提供班車接送想要前往市區遊逛的人。

一進大廳即刻感受遼闊的大海,鬆懈了旅途的疲憊。度假村簡單奢華的現代風格設計,提供隱密性與獨樹一格的私人空間,不受他人干擾,讓帶小孩來此度假的我有安心、放心的感覺。房間陳設簡單明亮,從房間就可以看到遼闊的海洋,躺在房間外的泳池裡曬太陽既舒服又自在,看著孩子開心的模樣,那種滿足感實在無法用言語形容。不管是在房間內或戶外泳池,轉身就可遇見美好風景的感動,讓人入住期間非常愉悅。

此外度假村有獨立沙灘,不受外界干擾就可以盡情玩樂;沙灘整理得乾乾淨淨,不論是情侶漫步沙灘談心看夕陽或親子戲水、玩沙都是好選擇。可以選擇在沙灘上曬曬太陽,或者什麼事也不做,躺著發呆,就是充分享受這種舒服放鬆的感覺。

Mia雖然不是一個大品牌的酒店,但這樣小巧而美麗、精緻的度假型態卻也令人難忘,超越我原本的期待,若要我推薦,這絕對是值得一來再來的好地方。

Mia Resort Nha Trang
芽莊米婭度假村

客房數量:50間
房價:每晚NT$6,000元起
地址:3 Khuc Thua Du, Phuong Phuoc Long, Nha Trang, Khanh Hoa, Viet Nam
電話:+84 (0) 583 989 666
網址:www.mianhatrang.com

Sofitel Legend Metropole Hanoi
充滿法式復古風的經典傳奇

Sofitel Legend Metropole Hanoi 河內索菲特傳奇酒店在當地是具有歷史性的指標酒店，
除了擁有超過百年的建築，酒店的歷史背景與濃濃的法式情調讓人流連忘返，
這也是我們在河內選擇下榻的主要原因。

住宿時間：4 天 3 夜　　小公主成長日記：7 個月

度假評鑑成績單　　隱密性★★☆☆☆　　親子性★★★☆☆　　悠閒性★★★☆☆　　住宿舒適度★★★☆☆　　餐飲豐富度★★★☆☆

超過百年歷史的Sofitel Legend Metropole Hanoi ，建於1901年法國殖民越南時期，韓戰期間曾是各國外交官與新聞記者的駐紮地；1992年成為法國Accor集團旗下「Sofitel Legend」傳奇系列六間酒店之一。Sofitel Legend Metropole Hanoi純白色的優雅身影位在河內市中心，緊鄰還劍湖和著名的歌劇院，離三十六條古街區也很近。

殖民風格與歷史況味

索菲特不但是河內第一間五星級酒店，而且就和它的名字「Legend」一樣，有不少當代政要名流曾經下榻過，是當代碩果僅存的經典酒店；這次我們懷著期待的心情，帶著小公主一起造訪這間在當地具歷史指標性意義的酒店。

目前索菲特分為前後兩棟，原本的舊館現在稱為歷史樓（historical metropole wing），而在1996年擴建的前棟新翼則稱為歌劇樓（opera wing）。為了體驗原汁原味的法式殖民風，我們選擇了有百年傳統的歷史樓。歷史樓的每個房間都鋪上木質地板並且有一個露台，站在露台上面可以將河內市區的街景一覽無遺，盡收眼底。

歷史樓最讓人印象深刻的是純白的外觀，配上綠色的百葉窗和經典鐵欄杆，有一種寧靜的優雅緩緩流露。這間酒店裡裡外外隨處可見歲月的痕跡，像是停佇在外面的古董車、充滿懷舊風格的木製電話，還有遍佈館內的復古風紅木傢俱，濃厚的殖民風格與歷史況味相互交錯，讓人彷彿穿越時空。

優閒的午茶時光

不同於館內的歷史人文氣息,一樓的戶外游泳池、咖啡座及露天花園,都種滿了精心佈置的花草與樹木,洋溢著自然的風味,不像一般downtown的酒店,觸目所及盡是冷冰冰的門窗與牆壁。

索菲特的房客除了來自國外的觀光客,有很高的比例是越南本地人,這間在越南算是最貴的酒店了,但仍有不少講越南話的房客,可見近年來越南的經濟實力已不容小覷。在這邊恰巧遇到小朋友,小公主很開心的和一個小姐姐玩了起來,渡過愉快的下午時光。

由於索菲特是河內的指標性酒店,所以一到下午茶時間,一輛輛國外進口的名貴轎車便會停在酒店外面,為的只是來這裡喝下午茶。我們發現開車來的清一色是越南年輕人,男女都有,還有幾位年輕女孩手裡提著柏金包走進來喝下午茶。也反映出了現今越南的富有階層,高調彰顯出他們的消費實力。

索菲特酒店最初是由法國人投資興建,所以除了建築具有法式風格,他們也將法國人愛喝咖啡的文化帶到這裡。要喝咖啡自然就少不了咖啡廳。位在一樓的Le Club不但有室內空間也提供典型的露天咖啡座,一天裡面早中晚不同的時段都有人坐著啜飲一杯咖啡,享受與歐洲同步的悠閒。

河內的人文街景

住在索菲特期間，意外的收穫是每天可以看到不同的新人在拍婚紗。因為我們的房間在視野良好的二樓，從露台往下看，清晨約七點多就有攝影師和化妝師拎著攝影器材和化妝道具在酒店外等新人拍照。許多對打扮美麗的新人聚集在這裡，不停來來去去，他們會選在走廊和騎樓，圍繞著酒店建築主體拍攝。先生在露台上看著看著也拿出他的相機，樓下攝影師們按快門拍下的是新人美麗的倩影；先生則是透過鏡頭捕捉到越南生動的街景。婚紗的拍攝幾乎持續一整天，從清晨直到夕陽西下。這其中有一則令人難忘的小插曲，不管是臺灣或越南，在外景拍婚紗的時候，都是因陋就簡，拿一塊布遮住新娘子後就直接進行換裝。

除了看美麗的新娘拍婚紗，從房間露台望出去還可以看到形形色色的景物。例如街上頭戴越南傳統斗笠的小販、到處都有的賣冰淇淋的小攤販、各式名貴跑車和川流不息的摩托車。跟臺灣相比，越南人騎摩托車並不求快，緩慢的速度有另一種屬於越南的生活節奏。

坐三輪車遊河內

來到河內當然不能錯過當地的三輪車觀光行程。三輪車越南話叫做Xic Lo，（漢字發音類似"失哥魯"）是以前越南人的主要交通工具。越式三輪車是人坐在前面車夫在後面推，除了載人也載貨，目前主要是以載外國觀光客為主。在索菲特酒店門口，就有會說英語的三輪車夫每天輪流來排班。雖然他們索價比外面車夫貴，但勝在會講英語，而且與酒店人員熟識也比較安全。於是我們在酒店門口選了一台，就開始了河內的三輪車遊街之旅。

載我們的車夫果然英語很溜，而且人很親切，經過市區的著名景點時，都會用英語介紹古跡的歷史文化，還有像一些具百年歷史的餐廳、好吃的麵包店與咖啡廳等。原本我還很緊張小公主會不會不適應，但沒想到，

小公主坐在車上一直看熱鬧，結果看著看著就像坐搖搖車一樣睡著了。等小公主睡著之後，先生就拿起相機開始拍下沿途的風光。

在坐三輪車遊街的過程中，明顯感受到河內的人文風情，有一種緩慢與優雅，就像穿著傳統長衫的越南女子在對你淺淺微笑，讓人舒服放鬆，又帶點東方的神秘感。古老的殖民風民房被大量保留下來，是歷史記憶也是珍貴的觀光資產；道路乾淨且平整，道路兩旁的咖啡店、花店、教堂和行人身影相互交錯，形成了一幅令人陶醉的風景畫。

回到酒店已接近假期尾聲，我們收拾行李告別這間經典酒店。經典之所以是經典，我想指的就是無論經過多久，它的風華永遠依舊。

Sofitel Legend Metropole Hanoi
河內索菲特傳奇酒店

客房數量：364間
房價：每晚NT$8,500元起
地址：15 Ngo Quyen Street Hoan Kiem District 10000 - HANOI VIETNAM
電話：(+84)4/3826 6919
網址：www.sofitel.com

文化古城
島嶼之戀。
柬埔寨

C a m b o d i a

寮國

泰國

柬埔寨

Raffles Hotel Le Royal Phnom Penh

越南

金邊

泰國灣

Song Saa Private Island

亞洲

非洲

舊稱為高棉的柬埔寨，
以世界七大奇景的吳哥窟聞名全球；
然而除了千年的文化遺產景致讓人沉醉，
近年來其首都金邊的發展超乎想像。
有東方小巴黎名號的金邊處處留有法式風情的建築，
沿著洞里薩河兩岸已經快速拓展，
成為新舊並存的文化之都。

因為柬埔寨沒有太多工業進駐、
未受汙染的天然環境裡存在著許多秘境，
早已經成為國際旅客的度假勝地，
像是國境之南的泰國灣周遭島嶼就開發出很多高級酒店，
其中Song Saa私人島嶼度假村是最受名人喜愛的一處。
遠離城市、漫步島嶼、濃情密意，
都讓這裡成為讓戀情升溫的愛情應許地。

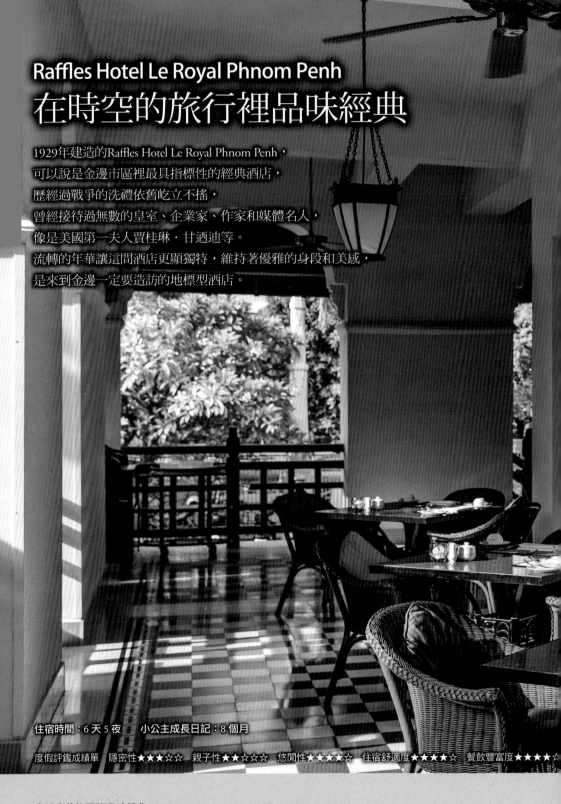

Raffles Hotel Le Royal Phnom Penh
在時空的旅行裡品味經典

1929年建造的Raffles Hotel Le Royal Phnom Penh，
可以說是金邊市區裡最具指標性的經典酒店，
歷經過戰爭的洗禮依舊屹立不搖，
曾經接待過無數的皇室、企業家、作家和媒體名人，
像是美國第一夫人賈桂琳・甘迺迪等。
流轉的年華讓這間酒店更顯獨特，維持著優雅的身段和美感，
是來到金邊一定要造訪的地標型酒店。

住宿時間：6天5夜　　小公主成長日記：8個月

度假評鑑成績單　隱密性★★★☆☆　親子性★★☆☆☆　悠閒性★★★★☆　住宿舒適度★★★★☆　餐飲豐富度★★★★★

一直以優雅奢華古典殖民風格著稱的萊佛士酒店集團，也是我們夫妻很喜歡的酒店風格，在這樣的酒店裡住宿，可以把自己想像成優雅的貴族，穿梭在時間光廊中的皇家空間裡，因為置放的時空不同，自己與周遭也會稍有變化，自然引發的優雅品味，感受那個年代的各種細節，是一種很有氛圍的度假方式。

這次我們選擇的是Raffles Hotel Le Royal Phnom Penh這座豪華酒店猶如地標，就矗立在城市的中心，對面是美國大使館，步行就可以到達市民最愛的中央市場和俄羅斯市場，是非常便利的位置；若是想要一併遊覽金邊皇宮、國家博物館和湄公河等金邊重要景點，就更要住在這裡了。

品味經典的服務態度

因為很早就知道了Raffles這個品牌與品質，殖民風的住宿氣氛又很讓我欣賞，加上之前有前往Raffles Singapore住宿過的美好經驗，所以很期待這次的前來。

1929年建立的酒店，接待過來自世界各地的皇室、企業家、作家、媒體名人等，服務的品質和水準堪稱一流，這一點，一進入酒店就可以察覺。這裡的服務生招待旅客非常親切，因為正值小公主愛爬好動的年紀，在我們辦理住房和用餐時，服務人員不只耐心問候，也會協助陪伴小公主，甚至抱起小公主照顧著，讓我們也可以有時間享用佳餚；友善的服務生和主管們，有的到現在還跟小公主利用臉書，像是朋友一般的聯絡。對房客的貼心和對兒童的友善態度，讓我們一進入酒店就備感溫馨和安心。

由於建造的時期是法國殖民時代，酒店將法國的原味優雅完整保留，色調簡約有質感的黑白磁磚地板、挑高潔淨的天花板、木質的活動百葉窗、以及木紋雕飾的吊扇，令人恍然間以為置身在法國；然而這間酒店的特殊還在於融入了柬埔寨過往的歷史眼光，紅色的磚瓦屋頂、金色的皇家雕飾品味、大象的藝術飾品、微笑吳哥的象徵畫作，都讓這個酒店空間猶如藝廊，處處皆有可看之處。

質感與時俱進

房間裡也頗有看頭，舒適又寬敞的起居間有低調奢華的時尚，亞洲風的家具原來和法國殖民風味也很搭配，臥室裡的沙發與床墊都非常舒適。雖然是間有歷史的酒店，但是硬體軟體都不斷更新，跟著科技與時俱進，所以完全沒有老舊感。

這裡的房間特色是都有露台，外國人喝咖啡的模式已經融入生活，所以隨時隨地都可以看到露台上有房客悠閒地活動。一早起床鳥語花香，我們也跟國外房客一樣，叫了客房服務在露台上自在地喝著咖啡吃早餐。我們很享受和小公主在露台上的時光，小鳥吱吱喳喳的在茂密的樹上唱歌，小公主也開心地一起咿咿呀呀唱和，迎著晨光，一邊吃著美

味的蛋捲，一邊享受親人甜蜜的陪伴，再幸福不過。

我們選擇的房間面對著游泳池、花園和河景，一旁還有寬廣的草皮。吃過早餐我們會帶著小公主在酒店裡散步。這間酒店綠意盎然，戶外有許多綠色園藝，隨處走都能遇見花和樹，很輕易就能感受到自然。乾淨的草皮公園似乎是當地居民的最愛，每到放學或下班時間，都可以看到穿著學校制服或上班族服裝的人坐在草皮上野餐，提醒了我們這個城市的可愛。

泳池畔的氣氛也很好，國外的房客許多人都喜歡來這裡游泳運動、曬太陽，沒有喧鬧和吵雜，安安靜地享受這樣的悠閒，一本書就可以消磨一下午。我們也喜歡午后帶著小公主來這裡游泳或躺在躺椅上，預約一場樹蔭下的腳底按摩，在清涼的風和輕柔的按摩中睡場午覺，真的是非常舒暢。

感受金邊生命力

酒店坐落在市中心，可以很貼近這座城市的進步，顛覆了以往覺得柬埔寨落後的印象，讓我們想出門逛逛，看看這城市的發展。

金邊居民的交通工具很多還是選擇便利的摩托車，是種亂中有序的城市概念。我們坐著酒店的車前往金邊有名的書店Monument，這裡擁有很多的外文原文書，藏書相當豐富，裡面也有咖啡空間，整個區域都非常現代又舒適乾淨，買了書後可以隨時就著一杯咖啡看書，小公主也在這裡手舞足蹈地開心挑選著繪本，感覺和台北並無二致。沿著河岸，許多建設和工程都在快速發展著，原來金邊正在無限伸展著生命力，努力地迎頭趕上其他城市，這真的應該給還在安逸生活中找不到方向的臺灣警惕。

回到舒適像家的酒店。前往皇家餐廳享用一流的法國菜和柬埔寨的特色佳肴，吃完飯再前往大象酒吧，啜飲一杯柬埔寨的招牌雞尾酒－致命女郎Femme Fatale。「這才是人生啊！」內心不禁有了這樣的驚嘆。

Raffles Hotel Le Royal Phnom Penh
金邊萊佛士酒店

客房數量：175間
房價：每晚NT$13,000元起
地址：92 Rukhak Vithei Daun Penh, Sangkat Wat Phnom, Phnom Penh
電話：+855 23 981 888
網址：www.raffles-cn.com/phnom-penh

時間：7 天 6 夜　　小公主成長日記：8 個月

評鑑成績單　隱密性★★★★★　親子性★★★☆☆　悠閒性★★★★★　住宿舒適度★★★★☆　餐飲豐富度★★★★

自己的島主傳奇 · Song Saa Private Island

Song Saa Private Island
編寫自己的島主傳奇

Song Saa，在柬埔寨語意裡是「情人」的意思。
而這個坐落在泰國灣裡的兩座小島Koh Quen和Koh Bong也真的像是一對夫妻，
一個是擁有千年保留完好的熱帶雨林、一個以綿密細緻的雪白沙灘聞名；
在經營者的愛情故事映襯下，島嶼之美更添傳奇。

講究著與生態共生的情人島，以奢華的一島一酒店式的別墅旅宿讓人盡享不凡的假期體驗，
來這裡輕鬆當島主，一定讓人念念不忘、對海島上癮。

說到柬埔寨，除了會想要參觀世界七大建築奇景之一的吳哥窟古城外，位於柬埔寨南部蔚藍的泰國灣上，還有一座會讓人來過一次就愛上的度假村－Song Saa Private Island。

要前往度假之前，我們先聽聽關於這座島之所以被開發的浪漫愛情故事。

來自澳洲的Rory夫婦，當時妻子Melita罹患了癌症，於是一起來到了柬埔寨的西哈努克市療養，無意中得知了Koh Quen和Koh Bong這兩個位於海島群上的島嶼，就決定來這裡看看，沒想到兩人一到就立刻被美麗的景致深深吸引；而這兩個小島在當地語言的意思就是一個為「夫」、一個為「妻」，有愛侶相伴的寓意，於是兩人決定買下來好好經營，也象徵著兩人永恆不變的愛情。

妻子Melita本來就是一位設計師，度假村的室內佈置一切由她所設計，她也在邊以美景療養、邊構思設計如何讓度假村整體更完美的過程中，慢慢找回了健康。因為這裡的風景可以迅速讓戀情回溫且身心愉悅，所以很多名人都曾前來，像是貝克漢、安德魯王子等，為愛情島再增添了更多幸運的內涵。

浪漫指數破表的秘境

我們搭乘著酒店的接送快艇，很快到就來到距離西哈努克灣大約30分鐘船程的Song Saa。一進到酒店，馬上可以感受這裡之所以成為世界最知名酒店之一的原因，環山抱海、蟲鳴鳥囀，壯麗海景就這樣直率地在眼前鋪陳，藍天白雲在海的延伸線上方無窮變幻，整顆心立刻就被眼前的景給打開了。

私人度假村由兩座島嶼組成，一座是奢華的Villa，另一座則維持著最原始天然的熱帶雨林，兩座島間以木橋相連。度假村邀請了世界知名建築兼園林設計大師Bill Bensley的協助，以柬埔寨的傳統村莊為發想、大象和農人草帽為靈感，用圓錐形的屋頂與象鼻般的樑柱來完成了這些Villa的主要結構，而整體的室內空間則由身為設計師的Melita親力親為，舉凡每一件家具，和四處散發著風韻的原木裝置藝術等，都是由她精心收集當地的用具改造完成，達成了和在地平衡共生的完美境地。

建築運用大量的在地建材，以茅草屋頂、不加修飾的原木及天然浮木，營造出環保風的酒店風格，有些材料還是取自廢棄的漁船，分解後，再加以重複組合，卻能呈現極為時尚有型的質感，和周遭樸實的柬埔寨小漁村景致完全融合，真是非常高明又令人讚嘆的設計。

森林環繞的美妙生活

彷彿遺世獨立的酒店，有著全世界最美麗的細白沙灘、絕美的日出和夕陽奇景，還有專屬的管家，以及全包式的餐食和酒水提供，可以很專業地為房客精心設計出專屬的貼心服務。酒店角落處處傳遞悠閒感，所以很多情侶或夫妻都指定要前來這個酒店度假。

這裡的Villa有27間，分為4種不同的形式，包含叢林別墅（Jungle villa）、水上屋別墅（Overwater villa）、海景別墅（Ocean view）和皇家別墅

（Royal villa）等，為了體驗不同的風景，我們選擇在叢林別墅和水上屋別墅各待3天。

叢林別墅位於島上的森林區、半山腰的位置，室內非常寬敞，起居室、臥室、浴室和戶外露台劃分得很清楚，打開窗戶就可以遠眺漂亮的海景。建築設計上使用了許多自然元素，木露台、木桌，木櫃子等充滿木頭的香氣；然而所有現代化的備品也一應俱全，戶外還有大型的休息區和私人泳池，讓人猶如置身原野卻又舒適便利。浴缸旁的落地窗外就是綠意叢林，360度環繞的玻璃讓人猶如在森林中泡澡，卻又令人安心而隱密。

我們常常吃飽了就在林間散步，森林深處還有個被綠意環抱的樹屋按摩SPA中心，周圍花草繽紛，白荷、紅蓮等散發寧靜氣息，室內佈置也充滿著禪意，讓人一進入這個境界，就能完全地鬆弛下來。酒店的服務可以感受到是用心款待朋友似的細膩，知道房客裡有小嬰兒，立即送來嬰兒床，並且每天折不同的動物毛巾逗小公主開心；也會在客房服務裡加入適合小公主副食品需要的各種餐飲，讓我們完全無後顧之憂，可以盡情地享受每一天。

縱身大海的心靈洗滌

住過了叢林別墅，接著體驗水上屋別墅。水上屋可不是馬爾地夫才有，因為是獨立一間間蓋於海上，房間雖然沒有之前來得大，但也有獨立的泳池和躺椅，就彷彿和大海融為一體，有著一望無際的遼闊感受。房間被整個大海環繞，每天清晨醒來就立即可以擁抱大海，附近的小漁村每天清晨和傍晚都會有成群漁船出海捕魚，一次20多艘非常壯觀，漁船在海面上的點點帆影構成清雅的風景畫，再和每天不同光彩雲朵的夕陽一起沉醉，真的是太完美的住宿經驗了。

在酒店裡完全不用擔心沒事做，游泳、散步、看夕陽等，只會覺得時間不夠用；即使不想出門，在房間裡也有管家招呼一切，甚至包含免費的洗衣，讓人自由自在享受在叢林裡的每一刻快意生活。

對小公主來說，住這樣與世隔絕的度假村也完全不會無聊。高水準的度假村提供有保母的服務，讓來訪的親子家族每個成員都可以享受這裡的度假氣氛。我們在出發之前就向酒店提出需求，這次安排的是一位柬埔寨當地一位只有18歲的小媽媽－敲敲nock nock，她平時是做客房服務工作的實習生，當有保

母需求時才會兼做起客房保母。小公主和敲敲一見如故，兩人從一見面就立刻擁抱與友好，接下來的日子都很期待和敲敲見面，總是跟著她四處好奇探索、爬東爬西。看到兩人感情那麼好，於是我們也放心地讓她和小公主一起相處，在那4天裡兩人建立出深厚友誼；離開之後到現在我們和敲敲都還會彼此用網路問候。

盡興享受每一刻時光

酒店雖然有27間別墅卻常常客滿，一房難求，但住宿在島上時卻往往遇不到人，因為懂得

浮生閒情的歐美客總是喜歡待在房間裡，享受不被外界打擾的日子，珍惜在這裡的每一刻時光。酒店提供全包式的餐飲服務，完全不用擔心飲食。此外，房間裡提供的所有茶、咖啡、飲料和酒都可以免費飲用，酒店裡的餐廳也隨時提供食物，讓房客不分時刻盡興飽餐。

Song Saa有兩座餐廳，Vista是其中最主要的餐廳，提供早、午、晚餐，每一道菜都有米其林的水準。為了讓房客們賓至如歸，主廚每天更新菜色，並且會很用心地親自寫在手寫菜單上，讓房客們預知到明天的餐食，也會

提供與其他房客聚餐交流的地點說明，不論你想靜靜在客房享用，或是前往聚會場所和大家相見歡都可以，讓人感覺無比貼心。

另一個Driftwood Bar餐廳則提供輕食料理，這間的披薩非常道地，受到房客們一致的推崇和歡迎；我們也常常來這裡品嚐輕食，吃起來完全沒有負擔。

特別的是還有一個建於海上露台的餐廳，早上是休息曬太陽的LOBBY，晚上則會擺滿餐桌變身為餐廳，深夜時就轉變成BAR，具備濃郁浪漫氣氛。島上的滿月派對會在這裡舉

行，由島主Rory和Melita帶領大家在水上舉辦雞尾酒會，不論房客來自何處，彼此祝福交流、舉杯寒暄，氣氛非常融洽，這也是能見到最多房客的時候。

對周遭環境的極致用心

酒店的經營者Rory主要負責整個小島的環境保護和管理的任務，小島上提供很多環境教育課程，讓住客能夠更瞭解這裡的自然生態；島上也盡可能的不使用塑膠製品，例如所使用的吸管都是取自於植物，藉此展現愛地球和環境教育的深意，我們使用起來也覺得新奇又有趣。

花費這麼多的心力，就是想要完美保留這裡原本的美好，度假村也精心設計許多活動，讓大家可以體驗周遭的自然環境。像是划著橡皮艇來趟紅樹林生態之旅，或是隨著導覽員進入雨林和生態保育區散步並認識珍貴的動植物，也可以參加鄰近20多座的荒島探險旅程，在實際行腳的過程中理解要如何珍惜我們的環境。

來過絕對上癮

我們去的月份剛好是雨季，所以3天下雨，3天放晴。然而不論天氣如何，這裡都有著東南亞最出色的風景。

南洋風的悠閒、夕陽的迷醉、小漁船的點點漁火、赤腳踏在細沙裡的感動、不同溫度海水的擁抱等，都會讓人在午夜夢迴懷念不已，想要再次前往的意念，也一直盤據內心。

最能展現海島獨特度假魅力的居所，我想，非Song Saa Private Island莫屬了。

Song Saa Private Island
頌薩私人度假島

客房數量：27間
房價：每晚NT$45,000元起（淡季價格）
地址：Song Saa Private Island ,Koh Rong Archipelago, Cambodia
電話：+855 23 886 750
網址：songsaa.com

心之所繫。
印尼峇里島

B a l i , I n d o n e s i a

印
尼
本
島

峇里海

峇里島

Hanging Gardens of Bali

COMO Uma Ubud

烏布
Ubud

Komaneka at Bisma

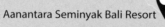
Komaneka at Monkey Forest

Aanantara Seminyak Bali Resort

登帕薩
Kota Denpasar

Four Seasons Resort
Bali at Jimbarran Bay

庫塔
Kuta

金巴蘭
South Kuta

亞洲

非洲

走過世界上的許多地方，常常會問自己，
有哪個地方是可以一去再去、怎麼樣也去不膩？
內心藏著這個答案，那就是印尼的峇里島。
這裡是熱愛島嶼的人都會魂牽夢縈的度假勝地，
從尚未結婚到現在成家有了小孩，前後一共去了10次之多，
但如果還有時間和機會，還是會買了機票就立刻飛奔而去。

很難用文字形容我對峇里島的感覺，
那是一種像家一樣的存在與安定。
不同國家，不同環境氛圍總會讓人有不同感覺，
然而峇里島，給我的感覺就是家，
純樸人情、盈眼綠意、湛藍海色和田園魅力光景，
構成讓人有歸屬感的圖畫，
安心又自在，這裡絕對就是我心靈的家……。

Aanantara Seminyak Bali Resort
全然放鬆　享受親子樂海遊

Aanantara集團之一的Aanantara Seminyak-Bali Resort位在峇里島的水明漾區域，
酒店就像所在地一樣的浪漫迷人，擁有長長美麗的海岸線，綿延至天邊的細緻柔軟沙灘，
適合全家親子來此悠哉同樂。

住宿時間：4 天 3 夜　　小公主成長日記：10 個月

度假評鑑成績單　隱隱密性★☆☆☆☆　親子性★★★★☆　悠閒性★★★☆☆　住宿舒適度★★☆☆☆　餐飲豐富度★★★

放鬆傾聽海浪拍打的聲音，陪伴我們的是椰樹搖曳的修長身影，沙灘上浪漫情侶牽手散步，小孩可以盡興嬉笑遊戲，這就是我對峇里島的印象。火山岩石經過時間的淬煉，原有的尖硬感完全消失，剩下柔軟綿密的細細沙粒，在這樣的海島秘境裡Aanantara Seminyak Bali Resort提供現代的設備，乾淨清潔的環境，是我們一定要選擇來住住看的原因。

峇里島的海灘有著神奇魔力，海浪拍打出晶瑩潔白的水珠，在陽光下閃閃發亮，大家在這裡熱情地接受陽光洗禮，忙著遊玩的大小孩子快樂奔跑，感覺就是個無憂世界；海邊活動很多，五花八門的衝浪板，將海灘妝點得美輪美奐。信手拈來扶拾皆是美景，每個角度都獨一無二，即使用手機拍也不讓人失望。

親子友善的酒店服務

由於來峇里島時正是小公主吃副食品的年紀，必須格外注重飲食，有些酒店飲食若不能配合，其實會讓媽媽很困擾；而這一點，Aanantara Seminyak-Bali Resort就做得非常好，省卻我們不少麻煩。餐廳廚房每天都會幫我們準備適合孩子的白粥，太堅硬不適合孩子的食物也貼心地再處理過，不論酒店內外每一位服務人員對孩子都關懷招呼，不厭其煩將環境整理乾淨，讓我們有舒適又安全的空間。游泳池的設計也照顧到了每個年齡層的小孩需求，有充足的周邊遊樂設施可以讓孩子在這裡盡情玩耍。

這裡寬敞又豪華的房間也值得一提，面對寬敞無垠的印度洋，精緻特有的峇里島風擺設裝飾、質樸木頭的窗花、細緻又具風味的雕刻藝術品，餐飲多樣又豐富的選擇，提供許多新鮮可口的海鮮、多樣的蔬果，這些小細節都顯現了此間酒店的用心，是值得再計劃來一趟的選擇地。

Aanantara Seminyak Bali Resort
水明漾安納塔拉度假村

客房數量：59間
房價：每間NT$12,000元起
地址：Seminyak Bali, Indonesia
電話：+62 361 737 773
網址：bali.anantara.com

Hanging Gardens of Bali
叢林裡的空中花園

Hanging Gardens of Bali隱身在烏布的山裡，是一個享有寧靜、隱密與獨立於世的地方，
纜車串連了酒店的每一處，特別新奇的感受只有到這裡才有，
無邊際游泳池和大自然融為一體，彷彿置身叢林中。

住宿時間：4天3夜　　小公主成長日記：10個月

度假評鑑成績單　隱密性★★★☆　親子性☆☆☆☆☆　悠閒性★★★★☆　住宿舒適度★★☆☆☆　餐飲豐富度★★☆☆

進入Hanging Gardens，視野裡首先迎接的是濃密叢林，周遭圍繞的蘭花香氣撲鼻，一種在異國的幸福感油然而生。

依山而建的桃花源

Hanging Gardens是一間很獨特的酒店，雖然位居熱鬧的烏布市區卻很隱密，大門隔離了藝術市集的車水馬龍，進入酒店就像到了另外一個世界，有種與世隔絕的私密感；這裡的每一個房間都擁有獨立和絕對隱私的空間，給了房客最大的安心感。這處依山而蓋的秘密桃花源，佈置得低調又不失華麗，無邊際的泳池，讓人可以置身山林中享受芬多精洗禮，很推薦給情侶。可惜這麼豪華的酒店對親子卻不是一個太好選擇，雖然房間大又舒適，但因為酒店高低落差過多，對攜帶年紀還太小的孩子的我們來說比較吃力。

烏布藝術洗禮

烏布像是一個古老城鎮，隨處可見廟宇林立，人們穿著傳統服飾，虔誠的宗教信仰讓這裡的人和善可親，彷彿穿越時空來到另一個空間。走在充滿藝術氣息烏布市集，這裡隱藏許多功力高深藝術家，琳瑯滿目的藝術作品，許多手作小物小巧可愛，木雕、石雕和染布製品作品讓人看得目不暇給。走在市集還可參加DIY手作畫畫，豐富又包羅萬象。直到現在看到紀念品還會想起旅行時的趣事，回味再三。

Hanging Gardens of Bali
空中花園別墅酒店

客房數量：44間
房價：每晚NT$14,000元起
地址：Desa Buahan, Payangan, Bali 80571, Indonesia
電話：+62 361 982700
網址：hanginggardensofbali.com

Komaneka at Monkey Forest
與自然環境共存的珍貴旅店

Komaneka at Monkey Forest 位於峇里島烏布（Ubud）市區中心，
是一間鬧中取靜的度假酒店。
酒店的地理位置得天獨厚，
同時兼具市區的方便性以及鄉村的田園風情，動靜皆宜。

住宿時間：4 天 3 夜　　小公主成長日記：10 個月

度假評鑑成績單　隱密性★★★★☆　　親子性★★★☆☆　　悠閒性★★★☆☆　　住宿舒適度★★★★☆　　餐飲豐富度★★★☆☆

烏布科瑪內卡連鎖酒店是由Neka家族所經營，在烏布共有四間，每間酒店的房間數都不多，且都擁有各自不同的風格及景觀。位於猴子森林路的這間，正好處於烏布市區內最繁華的心臟地段，從酒店到市內著名景點都相當方便。例如酒店前面就是內卡美術館，步行到Monkey Forest Ubud公園約十分鐘，而烏布市場也近在咫尺。

鬧中取靜　別有洞天

這次的安排將會入住兩間Komaneka旗下酒店，就是Komaneka at Bisma和MonkeyForest。Bisma以濃厚田野藝術氣息著稱，而Monkey Forest則比較類似精品酒店，雖然沒有華麗的建築外觀，但是在樸實的外表下卻別有洞天，等待人們去深入探尋。

這間Komaneka at Monkey Forest其實是因為位於Monkey Forest而命名。Monkey Forest顧名思義就是一座有猴子出沒的山，不久前曾有媒體報導一位女性遊客在山上被猴子襲胸的事件，還引起一陣騷動。即使如此，調皮的猴子依然不減遊客們上山的興致。

記憶中我們來到這裡的時候正好經過烏布鬧區，馬路上各種聲音非常吵雜。但是當我們進入酒店大廳後，神奇的事發生了，大廳裡面完全沒有聲音，前後距離不到一分鐘的時間，外面所有的喧囂全部被隔絕在外。站在酒店裡只聽到悅耳的鳥叫聲，以及微風吹動樹葉沙沙的聲響。這就是Komaneka獨特的魅力，擁有充份的寧靜與悠閒。

Komaneka at Monkey Forest的設計也很特別，從大廳進來要經過一條長型的走道，走到盡頭處赫然是大片翠綠的梯田，而房間就彷彿被梯田環抱似的，置身在田園裡。這裡的房間數並不多，但房間卻相當寬敞，內部的陳設延續Komaneka的藝術精神，也有許多的藝術裝置，尤其木質傢俱和公共區域的茅草屋頂，更彰顯出峇里島特有的熱帶風情。最令人驚豔的是，當我們一進到房間就發現床舖上用鮮花擺出漂亮圖案，而且還有用毛巾折出來的動物造型，真是太可愛了！

農業與觀光並存

我們很高興選擇這裡入住,因為它不像高檔酒店有距離感,反而帶有一種與人親近的氣氛。因為酒店不大,所以不會有太多的住客不會擁擠,再加上Komaneka的服務人員個個都親切有禮、服務週到,將輕鬆自在的感覺營造得很成功。

這裡的房間同樣有寬敞的露台,可以好好欣賞周邊的景色。智慧的峇里島人,不會為了商業或觀光需求就大肆破壞農地,而是與自然環境

共存共榮，所以觀光客來到烏布才能享受原汁原味的田園風光。有趣的是，先生在拍照時發現隔一片田就有一間酒店；為了不破壞梯田，酒店都是順著田地蓋。正是如此地珍惜環境，所以每間酒店都可以共享這美麗景色。

甘美朗（Gamelan）音樂

在住宿期間，我們帶著小公主去感受酒店提供的一切。這裡除了有露天座位的餐廳、室外游泳池、SPA館，還有一間小巧的圖書室，客人們可以在圖書室裡閱讀書籍；另外酒店附設的禮品店，則提供當地具特色的紀念品販售。除了這些可見的硬體設施，最令人感到熟悉的就是甘美朗音樂了。

只要在酒店內，幾乎隨時都能聽到旋律悅耳的甘美朗（Gamelan）音樂。負責表演的樂手通常會涼亭裡演奏，有拿鼓、敲鑼的，也有人負責敲銅片琴和鈸。甘美朗音樂演奏的樂曲旋律簡單不複雜，但就是這樣簡單的旋律使人百聽不厭，並且會隨著音樂沉浸到峇里島的氛圍裡。我覺得只有在這個熱帶小島聽他們的傳統音樂，才能聽到音符裡的生動之處，因為所有的文化都是在土地上生根發芽然後發展成熟，唯有在根源的地方才最能夠體現精髓。

世界級的梯田景色

接觸現代文明以前，峇里島的先民們創建出一種由水渠、水壩組成的合作性水源管理中樞，稱為「蘇巴克」（SUBAK），其歷史最早可追溯至西元九世紀。簡單地說，峇里島上所有的梯田都依賴蘇巴克進行灌溉，經過上千年不斷擴張，逐漸發展成今日的規模。「蘇巴克」體現了「幸福三要素」（Tri Hita Karana）的哲理，是靈界、人世和大自然三者的相互結合。此哲學思想是過去千年來峇里島和印度文化交流的產物，並因而形成峇里

文化的特殊景觀。層層疊疊分佈島上各地的梯田，現在不僅成為聞名世界的文化遺產，同時也使峇里人成為印尼群島中最多產的水稻種植者。

為了一睹世界級的梯田景觀，我和先生帶著小公主一起去探訪jatiluwih梯田。我們出發當天很不巧遇上下雨，但到達目的地後才知道，即使下雨仍擠滿觀光客，大家冒雨前來，就是想要親眼看到壯麗梯田。因為下雨的關係梯田看起來更加的綠，而且還起了雲霧，雲霧不斷隨風飄移，若從高處俯瞰很有漫步在雲端的感覺。先生看到這麼美的雲霧繚繞著梯田，趕忙拿起相機捕捉瞬息萬變的一刻。直到我們下山在回程路上，仍不斷看到遊覽車一直上來，可見這裡是不分平日假日都一樣熱門的景點。

回到烏布市區，我們帶著小公主到處逛到處採買，因為很多手工的東西要親自到市集去挑，像挖寶一樣，看是否能挑到自己喜歡的，這也是出國度假的樂趣之一。

此次烏布之旅我們全家都感受到滿滿的田園風情，恬靜閒適的鄉村生活，不僅為我們灌注百分百的活力，也讓久居都市的身心得到放鬆，胸懷著愉快的心情繼續下一段旅程。

Komaneka at Monkey Forest
科瑪內卡・猴子森林酒店

客房數量：22間
房價：NT$8,000元起
地址：Jalan Monkey Forest, Ubud, Kabupaten Gianyar,
　　　Bali 80571, Indonesia
電話：+62 361 4792518
網址：Monkeyforest.komaneka.com

Komaneka at Bisma
本身即是藝術品的精品旅館

Komaneka at Bisma座落於峇里島烏布（Ubud）山區，
是一間以藝術精品和長型游泳池聞名的酒店。
有別於臨海酒店的海灣景致，
Komaneka at Bisma擁有寧靜悠閒的田園風光，
讓人不自覺徜徉其中，渾然忘我。

住宿時間：4 天 3 夜　　小公主成長日記：10 個月

度假評鑑成績單　隱密性★★★★★　親子性★★★☆☆　悠閒性★★★★☆　住宿舒適度★★★★★　餐飲豐富度★★★★★

以藝術氣息和細膩服務著稱的Komaneka at Bisma於2008年底開幕，融合了印尼傳統與現代感，一共有34間套房和9間Villa。它與島上鄰近鬧區的酒店不同，站在大廳露台即可欣賞到貫穿山谷的姜普漢河（Campuhan）、椰子種植園以及稻田的清新景色，讓來此住宿的旅客皆能近距離享受久違的大自然。

美景與藝術交織

我們這次帶著小公主落腳的地點，是鄰近烏布市區、座落於山谷間的Komaneka at Bisma。在我們前往酒店的途中，兩旁盡是大片的稻田，遠遠看儼然就是幅美麗的油畫。等到酒店登記入住時才發現，不只大廳外的露台就有天然美景；就連酒店本身的裝潢與設計，也都非常巧妙別具風格，瞬間讓我們眼睛為之一亮。

和我們住過的酒店相比，Komaneka at Bisma可以說本身就像一件大型的藝術品。因為經營這間酒店的Neka家族，是個富有且頗具藝術天份的設計家族。烏布當地有名的NEKA博物館就是由創辦人Suteja Neka所興建經營，而四間Komaneka Resort（Komaneka at Bisma即是其中一間）則由他的兒女們掌管。他們非常熱愛並且致力於推廣峇里島的藝術，所以就將豐富的藝術元素融入酒店設計裡，讓所有旅客都能欣賞到屬於當地特有的文化氣息。因而來到這裡的旅客，會在大廳、餐廳、房間、Villa甚至是角落裡，都能見到各種木雕件以及大型藝術品。

Komaneka at Bisma擁有峇里島上較少見的套房，套房沒有附設泳池，卻都擁有露天大陽台，而且每間房都看得到田園風景。至於其他較大間的Pool Villa別墅也同樣都看得到田園風景。從我們房間陽台看出去，酒店所在的山谷及週邊景色真的是美不勝收，綠色的樹木、綠色的稻田，以及充滿綠意的酒店建築，再加上蜿蜒其中的山間小徑和匠心獨具的花藝設計，處處讓人感覺身處在大自然裡，非常地舒服自在，我覺得這應該就是旅客絡繹不絕來到Komaneka at Bisma的原因吧！

獨一無二的泳池

提到Komaneka at Bisma，最讓人印象深刻的莫過於長32公尺的公共游泳池了。要在山坡上建造一座如此長的游泳池非常不易，而且除了長度之外，綠色的池水幾與環境融為一體，足見在設計上的巧思。也因為這座游泳池的關係，吸引不少觀光客前來。據說從泳池的一頭游到另一頭，賣力游要花上5分鐘左右。我們帶著小公主來到泳池邊玩水，倒不是要印證是否要花上5分鐘的時間，只要小公主露出開心的笑容就是我們最大的收穫。

在峇里島有許多酒店都會提供下午茶，Komaneka at Bisma也不例外。每天一到下午茶時間，就會有戴著帽子、穿傳統服飾的服務員幫我們準備好下午茶。他們的下午茶不是坐在室內享用的，反而像野餐一樣，在山坡下找塊地方鋪上草蓆，將傳統的印尼甜點和茶放在草蓆上讓我們享用，去感受像野餐一樣的趣味。那時候小公主正在學走路，我們一邊吃著美味的食物，一邊看她在旁邊搖搖晃晃走路，真是闔家幸福的時光。

為方便帶小孩的住客能安心享受酒店裡的悠閒時光，Komaneka at Bisma提供了保姆照護的服務。他們找的保姆以具有生育經驗的女性員工為主，主要是請SPA中心，或是house keeping有空檔的服務員來幫我們照顧，保姆費也相當合理。值得一提的是，許多高檔酒店也會提供保姆服務，但像Komaneka at Bisma會特別挑選有經驗的來帶就比較少見了。我和先生覺得保姆既然是有經驗的，就放心請人來照顧小公主，而我們也可以更輕鬆自在。

靜謐的田園之美

過去我們旅行各地，經常住在靠海或是看得到河景的景觀酒店，而這次來到Komaneka at Bisma 是迥然不同的體驗。在公共游泳池旁邊的餐廳幾乎都是客滿的，因為坐在那裡不論從什麼角度看出去都很美，而這種美是屬於自然田園靜謐的美。我們也帶著小公主沿著酒店的森林步道慢行，讓她也能親自體驗這樣的氛圍。漫步其中，涼爽的微風輕輕拂上臉頰，讓我久久難以忘懷。

我們除了在酒店內散步，也會帶上小公主到周圍的田邊小路去走一走。不同於都市車水馬龍的繁華，這裡享受的就是樸實自然的田園氣氛，還有都市人比較陌生的鄉村生活。我們見到附近農家養的雞，即使隨地亂跑也不怕；還有像是開得茂盛的蓮花池、路邊小小的土地公廟、供背包客休憩的民宿，以及各式各樣的餐館和商店。信步所見，悠閒而寧靜，寧靜中又透著一股純樸。這些圍繞著Komaneka at Bisma的鄉村日常，雖然再尋常不過，卻是忙碌現代人的心靈救贖。

免費的藝術體驗

Komaneka at Bisma真的是一間物超所值的酒店，他們每天都會提供免費的娛樂。例如週三與週六有印尼傳統舞蹈課程；週一與週五提供手工編織椰子葉；週四與週日則是專人教授木雕，幾乎每天都能接觸不同的藝能活動。透過這些活動充份展現出Neka家族推廣藝術的用心；而住客也能在參與活動的過程裡去探索當地文化。

另一項和藝術有關的活動，就是傳統樂器表演。在酒店裡隨處可以聽到樂手以傳統樂器「甘美朗」（Gamelan）演奏音樂，更增添了屬於峇里島的熱帶風情。我非常喜歡他們的音樂，因為聽了會很開心，所以在買紀念品的時候，除了買很多罩衫外，就是甘美朗的音樂CD了，回臺灣之後有一陣子天天聽。

在Komaneka at Bisma的住宿經驗很愉快，我們享受了一段美好的田園生活。然而在烏布的假期還沒結束，接下來還要帶著小公主繼續體驗山中的生活。

Komaneka at Bisma
科瑪內卡・畢斯瑪藝術精品酒店

客房數量：43間
房價：每間NT$9,500元起
地址：Jl. Bisma, Ubud, Gianyar, Kabupaten Gianyar,
　　　Bali 80571, Indonesia
電話：+62 361 971933
網址：bisma.komaneka.com

COMO Uma Ubud
身心靈純淨的療癒之旅

面對著姜普漢山谷的COMO Uma Ubud，
用簡約和純淨，傳遞著在地的文化和自然之美。
酒店裡保留了許多峇里島原始的建築風格，
即使是新房舍，也都遵循傳統特色；
用文化薰陶、用自然養生，
讓每一次的度假都為了找到更完美的自己。

住宿時間：4天3夜　小公主成長日記：10個月

度假評鑑成績單：隱密性★★★★★　親子性★★★★☆　浪漫性★★★★★　住宿舒適度★★★★★　餐飲豐富度★★★★★

為了能感受峇里島更多不同的酒店風情，我們接著選擇的酒店，則是距離烏布市區大約5分鐘車程，擁有壯麗梯田景觀的姜普漢山谷（Tiampuhan）對面的COMO Uma Ubud。

酒店隸屬於全球頂級酒店COMO集團，維持COMO一貫熱愛的優雅風格，舒適、寧靜、簡約、純淨，及與在地環境相融的訴求，可以說是頂級低調奢華酒店的最佳代名詞。

與自然融合成一體

這間於2004年開幕的烏瑪烏布酒店房間數並不多，走的是低調的時尚奢華小品風格。為了和在地環境完全融合，酒店的建築外觀採用濃厚峇里島風味的傳統樣式，坐落在梯田中，彷彿是被包圍在熱帶雨林裡的自然村落；成片的綠意稻田與高聳交雜的椰子樹，散發出濃郁的鄉村氣息，而蜿蜒的烏斯河（River Oos）也在山谷之下靜靜流淌，光是這樣將塵世完全拋諸腦後的脫俗景色，就足以讓人一見鍾情。

不要因為室外被原始的稻草、樹木、植被所包圍，就誤認為室內簡陋，COMO酒店裡的房間以灰白木色調為主軸，室內以白色為基調，帶有一點禪風的味道，傳遞出酒店追求純淨的精神。因為走的是極簡路線，房間裡的四柱床除了布幕，沒有其他複雜華麗的裝潢干擾，卻顯露出簡約的時尚感，看似對比衝突卻又意外的唯美融合。房間裡日常所需的現代化設備一應俱全，除了讓房客住宿起來有無拘無束的自在感外，無形間提醒了房客慢活的重要。房間裡的衣櫃甚至有瑜珈墊，可以讓房客在房間恣意地舒展身心，用身體的伸展帶動心情的愉悅，真的是周到又貼心。

我們選擇的房型為隱身在綠色叢林間、擁有私人泳池的Villa，每天在戶外做著瑜珈、或是跳到泳池中暢快地游幾回，真的是無比舒暢。

療癒系度假風　身心皆舒活

或許是因COMO的經營者是位女性，讓這間酒店在細節和活動上都有獨特的細膩和溫馨感。酒店主推健康養身和療癒的路線，以早餐為例，雖然以蔬食為主，但選擇非常多元，有不含蛋的養身蔬食，也有無煙料理，讓人在度假時的飲食清淡、身體沒有多餘負擔，因此吸引很多都會雅痞來這裡休養生息。

酒店強調養生休閒，除了擁有一個美麗又超大的公共泳池，另外有兩處提供瑜珈活動的教室。而隱身在森林之中還有一個區塊的瑜珈空間YOGA space，讓人隨時隨處都可以體驗瑜珈運動的美好。或許是因為自己本身平常有在練瑜珈，來到這個位於深山之中、四處被樹所包圍的瑜珈教室，感受就特別強烈，一到這個區域就不由自主地想要坐下來冥想，極為安靜的場地，風穿越了身體每一吋肌膚，像是在與身體的呢喃對話；小公主在身邊愉快地爬著，我在冥想間也彷彿快要睡

著，像是對應了中國風水的太極循環，那種身心全然舒服的意境感受，真的非常奇妙。

瑜珈之後，還可以前往酒店知名的COMO Shambhala Retreat水療按摩中心，強調結合亞洲式的靈感治療，在專人的帶領下進行心靈平衡的療癒課程，都是很特殊的體驗。

對小朋友灌注熱情

通常這樣的養生度假村看似不適合親子家庭，然而帶著小公主來到這家COMO卻完全沒有違和感，除了服務人員很親切貼心，游泳池也特別為小孩設有淺灘區。加上專屬保母對小孩的耐心，以及這裡天然優良的生態環境，讓小公主在這裡玩得非常盡興。

來到這裡時小公主正值扶著東西學走路的年紀，這間酒店負責照顧她的保母Budu是位篤信印度教的峇里在地人，自然散發的和善氣質讓小公主非常喜歡Budu，看到她總是咯咯

笑，保母也很有耐心，陪著她看魚、餵魚，也伴著她慢慢地學走路。因為這裡坐落山間，要去餐廳或做SPA都必須穿越茂密的林間小路，看到有奇特的動植物，Budu會帶著小公主細細看並解釋，兩個人的感情好極了。

另外要推薦的是酒店裡的義大利餐廳Uma Cucina，不僅氣氛很優，兔肉義大利麵也異常好吃；兔肉在歐洲是很稀鬆平常的料理，但在亞洲卻不常見，沒想到在這間酒店裡還能吃到這麼高水準的兔肉料理，讓人非常驚

訝。養生度假之後，感覺就真的可以找到煥然一新的自己了。

COMO Uma Ubud
科莫烏瑪烏布酒店

客房數量：46間
房價：每間NT$12,000元起
地址：Jalan Raya Sanggingan, Banjar Lungsiakan,
　　　Kedawatan, Ubud, Gianyar 80571, Bali,
　　　Indonesia
電話：+62 361 972448
網址：www.comohotels.com/umaubud

Four Seasons Resort Bali at Jimbarran Bay
擁抱奢華品味和迷人夕陽

由別墅所組成的酒店就坐落在海邊翠綠的山坡上，像是一處傳統的峇里島居民聚落，每個旅人進入了Four Seasons Resort Bali at Jimbarran Bay，都像是個村民般彼此友善，海風徐徐、沙灘綿密、椰影波光，在這裡度過在峇里島最柔美的時光。

住宿時間：3 天 2 夜　　小公主成長日記：10 個月

度假評鑑成績單　隱密性★★★★☆　親子性★★★★☆　悠閒性★★★★★　住宿舒適度★★★★★　餐飲豐富度★★★★☆

峇里島行的最後一站，我們離開了烏布區來到了金巴蘭灣。到峇里島如果只能選擇一個海灘欣賞夕陽，那麼絕對非金巴蘭（Jimbaran）莫屬；因為這裡曾經被評為全球最美十大日落之一。

坐擁金巴蘭沙灘最美位置

金巴蘭海灘（Jimbaran Beach）原本只是個峇里島的小漁村，自從許多國際級酒店的酒店進駐之後，吸引了大批喜歡自然的遊客來這裡度假，也帶動起附近觀光。然而小漁村的居民並沒有失去原來風貌，則是用開放的心態包容這些外來遊客，美味的海鮮燒烤、歌舞彈奏，加上可以看到Denpasar機場的飛機起降，因此遊客如織且處處呈現浪漫光景，成為情侶遊客的首選勝地。

1998年開幕的Four Seasons Resort Bali at Jimbarran Bay，就是帶動金巴蘭海灘觀光風潮的推波助瀾者，因為擁有獨特的品牌精神和老字號的名聲，即使現在海灘旁有各大五星酒店、VILLA進駐，它還是佔有一席之地；地理風景也是最棒的。它位於普吉半島的丘陵上，擁有可以俯瞰3公里金巴蘭灣海岸線及阿貢山Mount Agung山景的最佳位置，可以愜意地躺在酒店專屬的沙灘躺椅上抬頭仰望天空雲彩的千變萬化，然後在海濤、星辰相伴裡入眠。

被陽光喚醒的每一天

四季酒店向來以服務著稱，而這間頂級Villa從開業以來從不讓人失望，除了在2005年美國旅遊與休閒雜誌Travel+Leisure Magazine評鑑為全球最佳100大酒店的第一名外，也常常得到其他獎項；讓我們在出發之前滿心期待。

這間四季酒店雖然坐落在海灘旁，但卻處處綠意盎然。建築風貌是峇里島傳統建築樣式，以茅草搭建而成。而小徑和裝飾卻是用石子鋪成的，有一種恰到好處的混搭感，據說當建立完成時，世界上的許多建築及景觀設計師都慕名前往。雖然酒店地勢高高低低，但卻鋪得相當平坦，即使推嬰兒推車都能很輕鬆地在酒店裡閒晃，這一點就相當令我們感到驚喜了。

酒店裡有156棟依循著峇里島傳統建築樣式的
Villa，獨立的茅草屋頂亭樓是貫穿其間的特
色。每棟Villa均有超大的私人庭院，內含寬闊
的室內外起居空間、熱帶花園、泳池和日光浴
平台等，隱密性十足；房間內的裝潢也深得我
心，古典式的睡床及獨特的站立式古典浴缸，

處處表現出四季正統的經典品味。

我們的房間視野非常開潤，一邊是整面的落
地窗，一邊則是隨時能走到戶外的大門，晚
上可以躺在床上看著美景入睡，隔天也能自
然地被陽光喚醒，一切就是這麼地自然放鬆。

在別墅裡享受玩水樂

住在Villa的好處是即使不想外出用餐，也可以請專屬的管家將餐點送到房間，享受完全不被外界打擾的時刻。他們不但服務專業，甚至將場地佈置成猶如五星級般的燭光晚餐，顯得完善又美好；由於在別墅裡完全隱密，即使裸泳也不會害怕，自然很適合和親密的人一起前來。

酒店還擁有自己的烹飪學院，每天提供房客烹飪學習課程，讓旅客可以親自認識和親近印尼當地的食材及料理文化；而這裡主廚所做的餐點也自然非常可口。

雖然酒店深受情侶喜愛，但也非常適合帶小孩的家庭。除了提供嬰兒床，酒店裡還有兒童泳池和兒童俱樂部，活動安排也非常豐富，怎麼也玩不完。以往小公主在度假村都只能看大人游泳，而因為四季的泳池不會太大太深，因此也成為小公主第一次下水的地點；或許是見慣了海水和泳池，對於下水完全不害怕，還非常開心地在水中手舞足蹈，由這裡就可以猜想小公主未來應該會是位愛水的美人魚呢。

結交世界好朋友

因為Four Seasons的房客來自世界各地，當我們在酒店散步時，常常能結交到新朋友。當時偶然在用嬰兒推車推著小公主時，遇到了推著同款推車的媽咪，於是很有默契就開始聊

天，即使英文不是太流利，卻也比手劃腳聊得開心，小公主也和對方小孩玩開了。這些種種有趣的邂逅，成為這趟旅途美好很重要的色調，怎麼回想都會是彩色的。

用友善的態度看人看世界，所得到的回應也會是友善。大家住在同一間酒店就成為一家人，不論遇到甚麼種族或膚色，就會在早餐、散步時，互相點頭微笑或問候，好像很有默契地生活在同一個聚落裡。或許是一直用這樣的觀念教育小公主，回國後他只要遇到小朋友，總是落落大方地主動打招呼。

若要說旅行帶給小公主甚麼樣的成長，我認為對人的尊重和友善，以及她的勇敢和樂觀，都是在她努力看世界後的點滴內化與培養，我深深喜歡。

Four Seasons Resort Bali at Jimbarran Bay
峇里島金巴蘭四季酒店

客房數量：156間
房價：每間NT$28,000元起
地址：Jimbaran Kuta Selatan Bali, 80361 Indonesia
電話：+62 361 701010
網址：www.fourseasons.com/jimbaranbay/

與海擁抱的天堂。
馬爾地夫

阿拉伯海

M a l d i v e s

Kulhudhuffushi

Vaadhoo

拉克代夫海

馬
爾
地
夫

Dhiffushi
Rasdhoo
Ukulhas
Four Seasons Resort Maldives at Kuda Huraa
Maafushi
Maamigili
Hulhule Island Hotel

Guraidhoo
COMO Maalifushi, Maldives
Thimarafushi
Gan

亞洲

非洲

Dhaandhoo
Thinadhoo
Vaadhoo
Fuvahmulah

喜歡海的人，絕對會認為馬爾地夫就是人間天堂。
在不同層次的土耳其藍的海面上，
每座島嶼都是一個奢華度假村，
海平面上的水上屋，
可以與海交心、聆聽貝殼吟唱的聲音，
享受沒有塵囂喧擾的寧靜。

在馬爾地夫如藍寶石的穹頂之下生活是沒有時間表的，
光是慵懶地享受周圍世界級的無敵海景，
就讓人忘記了時光的流動。
愉悅時隨著浪濤搖擺身體，
和熱帶魚一起探索珊瑚礁的神秘，
化身成為天地間最幸福的美人魚，
都會是全世界最浪漫的事情。

Hulhule Island Hotel
海洋度假風氛圍延續

小孩出國很需要舒適的睡眠，
Hulhule Island Hotel是馬爾地夫國際機場所在地Hulhule Island上最高級的酒店，
讓轉機時也延續對當地海洋的美好印象，一覺到天亮。

住宿時間：2天1夜　　小公主成長日記：11個月

度假評鑑成績單　隱密性★★☆☆☆　　親子性★★☆☆☆　　悠閒性★★☆☆☆　　住宿舒適度★★☆☆☆　　餐飲豐富度★☆☆☆☆

馬爾地夫的馬列國際機場的所在地並不在首都馬列，而是在需要坐船約5-10分鐘的機場島Hulhule Island上。這次在我們選擇住宿的Four seasons和COMO Maalifushi兩間酒店的移動中，必須回到機場改搭水上飛機，不想住在擁擠的馬列，機場島Hulhule Island上的唯一且最頂級酒店Hulhule Island Hotel瑚湖爾島酒店就會是首選，很多機師也選擇住宿這裡。

私人沙灘好悠閒

從酒店到機場路程不到5分鐘，而且有免費的接駁車來回接送，讓這個酒店成為很多旅客在馬爾地夫做跳島遊的中繼站；而這間酒店也不讓人失望，維持著高檔酒店的服務品質，房間也寬敞新穎，可以讓房客很舒服地睡覺作夢。

酒店的特色是還擁有一處私人沙灘，這海濱是填海而成，在寸土寸金的馬爾地夫尤其難得。從客房到海洋只需要步行1分鐘，充分表達了馬爾地夫海洋之美的各種想像。不只是沙灘迷人，酒店裡還有一座室外游泳池、高爾夫球打擊場、SPA水療中心和健身中心，我們在花木扶疏的步道上悠閒漫步，延續著之前在Four Seasons度假好心情，盡情享受海島假期。

飛機水上船環繞

由於水上飛機轉機站就在國際和國內航班的機場旁邊，在酒店就可以看到許多飛機起落的盛況，加上頻繁往來馬列的水上飛艇，成為住宿這間酒店時的獨特景觀。這裡的餐廳也很有特色，24小時供應餐點，其中的Uduvilaa餐廳主要提供國際菜單，餐廳裡還有座可以俯瞰大海的玻璃牆，讓小公主興奮不已。

Hulhule Island Hotel
瑚湖爾島酒店

客房數量：136間
房價：每晚NT$12,000元起
地址：Airport Main Rd, Malé, Maldives
電話：+960 333 0888
網址：www.hih.com.mv/default-zh.html

COMO Maalifushi, Maldives
縱身海洋 樂當暢快美人魚

2014年4月開幕的COMO Maalifushi, Maldives科莫馬里芙西酒店，
是全球頂級酒店集團COMO在馬爾地夫的最新島嶼酒店，
秉持著出眾細膩的服務精神和世界聞名的SPA芳療，
開幕兩年，就已榮獲2016年Luxury Hotel Spa（India Ocean）首獎 殊榮。

擁有獨特隱秘的地理位置和渾然天成的優美環境，加上以客為尊的極致服務，
已經成為馬爾地夫目前最熱門的奢華頂級海島度假村之一。

住宿時間：8天7夜　　小公主成長日記：8個月

度假評鑑成績單　隱密性★★★★★　親子性★★★☆☆　悠閒性★★★★★　住宿舒適度★★★★☆　餐飲豐富度★★★★

由1,192個珊瑚礁島所組成的馬爾地夫,是所有熱愛海洋的潛水客所不容錯過的旅遊勝地。這些珊瑚礁島之間彼此並不相連,一個個獨立在湛藍的印度洋海面上,因此這裡所開發的島嶼幾乎都是一島一酒店,在被如水晶般的晶瑩海水和蔚藍天空的美景擁簇下,可以完全領略度假的真諦,這就是馬爾地夫被譽為天堂的原因。

來到這樣舉世無雙的海島天堂,最好的方式就是選擇一個頂級度假村好好享受。雖然之前早已經知道COMO酒店集團在馬爾地夫的另一間Cocoa Island,從2002年開幕後就深受好評,抱持嚐鮮的心情,決定選擇該品牌旗下這間開幕不久的酒店,沒想到意外獲得最棒回憶。

不凡的COMO

以亞洲為根基的COMO,名列世界七大頂級奢華酒店品牌,經營者是來自新加坡、有世界上最富有女人之一稱號的Christina Ong,她將自己名字縮寫的CO和女兒Melissa Ong的縮寫MO合併,形成了COMO。第一家COMO酒店誕生於1991年的倫敦,目前全球已經有12間不同類型的COMO酒店讓人品味了。

倡導著隱逸生活風格及簡約時尚的COMO,以打造藝術品的概念經營酒店,深受金字塔頂端消費者的青睞。沒有金碧輝煌的浮誇設計,將奢華技巧性地隱含在細節裡,引領出一個可以用不同角度鑑賞酒店的方式,以不同層次展現風格、低調、時尚和奢華的另類面向,讓人深深感覺COMO就是藝術品。出自頂級設計師之手的員工服裝、獨家研發專屬的SPA護理備品、精細量身訂做的服務態度和風味獨具的餐飲等,都是此間品牌在意的細節。

水上飛機初體驗

這間在2014年開幕的COMO Maalifushi位於馬爾地夫南方的Thaa環礁上，一般從馬爾地夫首都馬列到島嶼度假村有兩種交通方式，第一種是搭乘約45分鐘的水上飛機直接飛抵，第二種則是搭乘快艇前往，如果想從由空中瀏覽馬爾地夫如珍珠般美麗的環礁奇景，那麼一定要選擇搭乘水上飛機才過癮。

利用螺旋槳飛行的水上飛機是馬爾地夫很常見的運輸交通，座位通常在15人以內，幾乎所有高檔度假村都會使用水上飛機來接駁。出發前很怕小公主會因為這種吵雜的螺旋槳聲音而感到不安，因此我們特別為她買了耳塞，搭機前準備妥當，沒想到一飛上高空，小公主絲毫不怕水上飛機的聲響和搖晃，自

己把耳塞弄掉後安安靜靜地跟爸爸一起玩，還很享受高空俯瞰馬爾地夫的美景，整趟飛行都很輕鬆自在，果然是天生的旅遊玩家。

慵懶自在的度假風光

一抵達酒店立刻讓人驚豔。底下以支架撐起、在海面上騰空的水上屋Villa像是兩條細長臂膀向海延伸，環抱出一個酒店房客專屬的Maalifushi Garden珊瑚礁區，清澈無比的海水讓珊瑚礁裡的魚群無所遁形，光的透明度直達海底，讓藍色的水出現不同層次，海天一色的景緻真是叫人心曠神怡。

在棕櫚樹優雅搖曳的樹林和白皙柔軟的沙灘後方是酒店的大廳和餐廳，整個酒店延續COMO簡約奢華的風格，在這片彷彿沒有塵

囂汙染過的細緻土地上，錯落有致的林立65間豪華別墅。此間酒店的設計是由日本設計師Koichiro lkebuchi操刀，運用了當地的建築材料、強調自然光線與開闊視野的巧妙結合，且延續COMO簡約奢華的品牌精神，展現了具有自然風貌卻又慵懶閒適的浪漫氛圍。

水上屋和魚交朋友

COMO Maalifushi, Maldives全島只有65間房，大致分成沙灘屋（Beach Villas with private

pool）與水上屋（Water Suites with private pool）兩種房型，設備都相當豪華且都有私人泳池；但是來到海景出色的馬爾地夫，當然一定要嘗試最能夠親近海洋的水上屋房型。因為每個房間獨立且距離遙遠，酒店人員都以騎乘腳踏車的方式來協助房客運送行李或提供客房服務，每個房客也可以免費租借腳踏車四處悠閒遊晃。

水上屋的內部非常具時尚感，茶几、餐桌搭配淺灰色的沙發，淡色原木色調的木質傢俱洋溢著自然風，房間的大型落地窗將陽光海景不吝嗇地以全場域方式展現，臥室大床有

著夢幻般的白色紗簾，讓人聯想這裡應該就是公主的房間。拉開門，就可以直接到露台看海。無障礙的狀態，很適合小公主在這邊跑來跑去，寬敞又極簡。

浴室裡有個半露天的大浴缸，在房間裡可以邊泡海鹽浴邊欣賞海景；屋子裡處處有電話，方便房客撥打，服務台隨時有人為房客服務。露台上有躺椅、私人泳池和發呆亭，這裡擁有欣賞海天一色的最佳位置。想要入海悠遊，只要從泳池旁的樓梯縱身躍入，隨時可以當起美人魚。

其實不用跳入海底，光是坐在發呆亭就可以和魚群交朋友。水上屋圍起的區塊Maalifushi Garden是酒店很安全的浮潛區域，酒店提供免費的浮潛用具，隨時可以在珊瑚礁岩旁探險；坐在露台上也隨時可以發現海底下成群結隊色彩斑斕的熱帶岩礁魚和其他海洋生物，像是螃蟹、海龜等，偶而也會出現小型鯨鯊，惹得房客陣陣驚呼。露台上還有個露天淋浴區，方便房客下海後先沖淨身體再回房休息，真是處處設想周到。

酒店還有間可以在碧海藍天前，迎著海風徹底放空身心的瑜伽房，以及最聞名的健康水療SPA中心，我們也特別前往體驗，感受在海浪拍打節奏中將俗塵完全放下的心靈感覺，在細柔的按摩中，睡上了一頓深沉又舒服的覺。

對親子熱情友善

酒店提供許多非機動的水上運動設施讓房客可以選擇，包括日落巡遊、出海觀賞海豚、釣魚、浮潛、帆船運動等，也可以預定前往鄰近無人島的海灘野餐，因此深受情侶或夫妻喜愛。即使像我們帶著小小孩前來，也感到非常舒適。這間酒店裡有兒童專屬的俱樂部，由專業人員帶著小朋友在室外玩耍，沙灘上也準備了小孩的沙灘足球、鞦韆、小車子等，公共游池也有小朋友的戲水區，怎麼玩都玩不完。

不只是設備為小孩著想，酒店服務人員對小孩子的真誠款待，更是讓人感到驚喜。酒店知道我們帶著小公主前來，立刻在房間裡擺上遊戲床，這種遊戲床可以讓baby待在裡面遊玩或睡覺，是很安全的環境，大人就可以不用特別費神一直盯著小孩。

我們在酒店住了6天5夜，小公主每天在酒店練習走路，很快就收服了所有酒店人員的心。每個員工都喜歡跟她玩，其中有個土耳其的員工，更是會在早餐時刻抱著小公主，讓我們夫妻可以安安穩穩地吃頓飯。另一個兒童俱樂部的員工，也每次看見小公主就逗她笑、陪她玩，小公主每天幾乎都要找她。還

有個喜愛拍照的媽媽，常常抱著小公主捕捉她可愛樣貌。這些員工有的是馬爾地夫當地人，也有斯里蘭卡人或印度人，大家都和氣友善，融洽相處猶如一家人，所以當我們要離開酒店時，很多人都對小公主離情依依地擁抱，甚至哭了，真的是很有感情的酒店。

在海上品味極致餐飲

COMO這品牌本來就很重視飲食，這間酒店的料理水準也絕對不輸給任何大都市的高檔餐廳。島上的馬迪餐廳（Madi），是最主要的供餐餐廳，尤其是海鮮的鮮味讓人一吃就上癮，而且每次來都有新菜色，味覺在這裡徹底被喚醒。另一間日式餐廳Tai，為一棟華麗的水上屋餐廳，主廚特別由日本聘請而來，風味菜色也是一絕。

而島上還有一間名為Thila的酒吧，提供了輕食、沙拉、海鮮披薩和土耳其的美食"PIDE"，讓房客可以輕鬆坐在搖搖椅上，看著玻璃底下的魟魚魚群游來游去，或是看著沙灘品味美食。若是心血來潮想要在沙灘上來個浪漫燭光晚餐，或在房間裡吃燒烤配啤酒，酒店都能滿足房客的所有需求。另外，在馬爾地夫淡水是很珍貴的，這間酒店擁有自己的淨化水池，瓶裝水也使用回收玻璃瓶盛裝，均無限量供應給房客使用，但同時也會附上小卡提醒房客，一定要愛護馬爾地夫的環境和不浪費、珍惜水資源。

我們在這間酒店，很真切地感受到慢活的真諦。在發呆亭上看優游的魚、在木棧道上散步、在酒店的熱帶叢林裡聆聽一朵小花盛開的聲音、日出時看著海平面上如鑽石般地光燦水漾、黃昏時雲彩在不同光線下的暈染光影，還有在夜空中滿天銀河擁簇閃亮的感動。

人生有時候需要緩一緩腳步去感受周遭，在COMO Maalifushi，給人身體放空但心靈富足的珍貴一刻，而且永遠不會忘記。

COMO Maalifushi, Maldives
科莫馬里芙西酒店

客房數量：65間
房價：每晚NT$22,000元起
地址：Thaa Atoll, Maldives
電話：+960 678 0008
網址：www.comohotels.com/maalifushi/

Four Seasons Resort Maldives at Kuda Huraa
美景無限的度假天堂

Four Seasons Resort Maldives at Kuda Huraa是四季酒店集團（Four Seasons Hotels & Resorts）
在馬爾地夫的兩間度假酒店之一。
多年來四季酒店以寬敞的客房、親切友善的員工和無微不至的服務，
成為世界知名的連鎖酒店；
集團目前在全球36個國家擁有近百間酒店。

住宿時間：7天6夜　　公主成長日記：11個月

度假評鑑成績單　隱密性★★★★★　親子性★★★★★　悠閒性★★★★★　住宿舒適度★★★★☆　餐飲豐富度★★★★

四季酒店集團（Four Seasons）在馬爾地夫擁有兩個度假島嶼－庫達呼拉島（Kuda Huraa）、蘭達吉拉瓦魯島（Landaa Giraavaru），和一艘四季探險家號遊輪。Four Seasons在全球都有據點，為知名的連鎖酒店，服務非常頂級。總部設於加拿大多倫多，1960年由Isadore Sharp創辦，首間酒店設於多倫多市Jarvis街。

庫達呼拉島位於印度洋上的北馬累環礁，原是一座私人珊瑚島，後來四季集團在此興建度假酒店，2004年因海嘯侵襲遭到很大的破壞，經歷1年9個月的重建後，於2006年9月重新開業。在這個獨一無二的小島上，庫達呼拉四季酒店提供寬敞別致的套房以及獨棟式Villa，讓來到馬爾地夫的旅客，都能盡情享受自由自在的度假生活。

海天連線的夢幻天堂

這是我們第二次來到馬爾地夫。第一次是為了度蜜月，那次的旅行讓我留下深刻的印象，很期待能夠再來。上次來我們住在Six Senses，這次則選了另一家很有口碑的Four Seasons Resort Maldives at Kuda Huraa。Four Seasons在全球都有據點，是知名的連鎖酒店，服務非常頂級。

馬爾地夫給人的印象就是散佈海面上像珍珠一般的小島，每座島嶼都是一間酒店或度假村，島的面積都不大，卻都擁有無敵的天然美景。當我們乘坐小艇來到Kuda Huraa，藍天碧海沙灘馬上讓人有置身天堂的感覺。什麼都不用做，光是站在沙灘上吹著海風就夠舒服的了。

房間非常寬敞擺設極盡巧思，打開窗，蔚藍的海就近在咫尺。這邊的房型有分套房、獨棟Villa也有水上屋。全部的房間都是馬爾地夫式的建築，從茅草屋頂到木格窗櫺，再到美麗的白石墻，都是由當地工匠運用傳統技術精心打造而成，原汁原味呈現出在地的風情。我們預訂的房型為水上屋，在房間裡就可以看到腳底下拍打著的海水，這也是體驗馬爾地夫漁民生活最直接的方式。

海灘就是遊戲間

我們帶小公主來馬爾地夫的時候,她剛學會走路,而且非常愛走,好在這邊的沙很細,走起來很舒服,我們就每天讓她光著腳丫子在沙灘上到處跑。我們還發現酒店裡有一間傳統茅草屋,也讓她進去探索,看她興奮地跑來跑去真是開心極了。

Kuda Huraa Four Seasons真的是一間很用心的酒店,他們利用島上的資源規劃出各式各樣的娛樂活動,讓房客有各種吃喝玩樂的選項。像不少歐美旅客是攜家帶眷一起來的,不論大人小孩都可以找到適合他們的活動項目。別的不提,光是在海上進行的就有游泳、沖浪、浮潛、垂釣、乘船環島、巡遊觀賞海豚等……,豐富又有趣。

考慮到小公主的年齡,我們選擇參加kids club的活動。他們為比較小的孩子設計了一個趣味競賽。每天傍晚在沙灘上,會有Kids club的工作人員帶來一大桶的寄居蟹,發給每個

參加的小朋友一張號碼牌,然後在寄居蟹背上也貼著對應的號碼牌,接著工作人員在地上畫一個圓圈讓所有的寄居蟹比賽爬行,得到第一名的小朋友就會得到飲料券或是小禮物,過程既緊張又刺激。為了這個活動小公主每天都在等候,當比賽開始就全神貫注地看著寄居蟹跑;在好幾天的比賽後終於跑贏了,小公主得到禮物後非常高興,這也是我覺得最快樂的時刻。

除了看寄居蟹比賽,還有一段插曲也和寄居蟹有關。某天早上,我帶著小公主到沙灘上散步,在靠近樹叢邊看到了一隻寄居蟹,然後我就把寄居蟹放在她手上想讓她看看,突然地這隻調皮的蟹居然咬她的手,雖然立刻上前拿掉,但小公主還是被咬痛了一直哭,沒想到接下來小公主仍然願意去接近、碰觸牠,小公主的勇敢在那時候就已經顯現。

海洋是最好的自然課

我相信帶著小孩到處旅行,感受在地生活,其實最好的教育。小公主為什麼不怕海?我

想是因為從小在海島渡假村裡常常見到海洋，她自然就不怕。我們在Kuda Huraa也儘量讓她有機會和海洋生物近距離互動，透過面對面接觸就是最棒的自然課。

例如這邊每天傍晚都固定有餵魚時間，時間一到，就會有很多人主動聚集在橋邊看工作人員餵魚，工作人員很熟練地丟肉下去一隻隻餵飽牠們，他們餵的還不是普通的魚，而是連我們大人都沒看過的小鯊魚。那時小公主還不會說話，我就比著魚對她一直說Fish，沒想到她竟然就記起來了！到現在魚變成她心目中很愛的動物。旅遊幫助小公主成長，幫助她喜歡大自然，也將身邊所有的美好，變成深刻的記憶。

除了這類表演的娛樂活動，Kuda Huraa也大力推廣海洋保育。由於馬爾地夫是世界上重要的海洋保護區，為了保育數量日漸稀少的珍稀海洋動物，設立於島上的海洋探索中心（MDC）透過影演示和教育活動來介紹棲息其中的海龜、海豚、鯊魚和珊瑚礁。而每年旺季時，MDC安排的海洋生物之旅也總是吸引滿滿的遊客參與。

認養可愛海中生物

我和先生都覺得能踩在清澈的海水上，看到魚游來游去，必須要心存感恩。現在海洋污染愈發嚴重，保護海洋以及海底生物值得大力支持。所以當我們看到酒店有放養保育類海龜，二話不說就捐款給他們，因為這些生病的海龜已經沒辦法再回到海裡了，基於人道的做法，酒店就像安養院一樣飼養他們到終老；希望我們的捐款能為牠們略盡棉薄之力。

Kuda Huraa的週圍是一片環礁，1998年時珊瑚礁曾因為海水溫度上升而一度瀕臨死亡。後來在四季酒店的努力下，從2005年開始陸續復育成功，所以他們也很鼓勵房客能夠認養珊瑚。我們覺得認養珊瑚是很有意義的，於是就認養了兩株，潛水員幫我們在海底種下兩株珊瑚。酒店每年都會將珊瑚生長進度拍照回傳給有認養的人。我覺得透過認養，花一點錢卻可以讓美麗的珊瑚生生不息，非常值得。

放開胸懷交朋友

要說這趟旅行的額外禮物應該是交到外國朋友。如果能夠常常到不同的國家認識不同的人，在不知不覺中就會讓自己的心胸開闊，也看到更大的世界。從我們第一次到馬爾地夫度蜜月開始，先生就慢慢愛上攝影，也非常認真鑽研，這次到Kuda Huraa就因為熱愛拍照而有意外收穫。

我們在酒店偶然遇見一對來自土耳其的夫妻，經過一番暢談後，發現他們才剛結婚還沒有拍婚紗，先生便熱心地用單眼相機幫他們拍了幾張照片給他們作紀念，這對夫妻非常開心，後來還把這些照片放到自己的社群網站上，我們也變成了好朋友。

第一次來馬爾地夫帶給我們的是浪漫的蜜月回憶；而這一次則是豐富又有意義的親子之旅，Four Seasons果然沒有辜負我們的期待，讓我們帶著滿溢的幸福踏上歸途。

Four Seasons Resort Maldives at Kuda Huraa
馬爾地夫庫達呼拉島四季酒店

客房數量：96間
房價：每晚NT$32,000元起
地址：North Malé Atoll
電話：+(960) 66 44 888
網址：www.fourseasons.com/zh/maldiveskh

到京都
尋覓老靈魂。
日本

Kyoto, Japan

日本海（東海）

K's Villa 鴨川庵

葵‧鴨川邸

庵‧美濃屋町

日本本州

東京

京都

岡山

廣島

神戸 大阪

亞洲

非洲

夜色下的京都鴨川，
有著明治時期之下的傳統木屋、高級京料理店、
街頭上行走的穿著美麗藝伎服飾的姑娘，
像是一顆顆晶瑩的時空膠囊，
一瞬間將人拉進神秘又華美的古都世界。

一趟京都之旅有著下榻於鴨川旁百年町家的必要，
那是一條進入歷史的通道，可以遇見最古雅的京都。
白天清麗、夜晚熱鬧，
鴨川旁搖曳的楓樹，在夜燈投射下，紅艷如火，美感不輸藝伎華服；
緩緩漫步石板路上，木屐的節奏敲醒了京都底蘊，
在緩緩昇華的氣息裡，找到了那個同樣有著老靈魂的、沉澱的自己。

K's Villa 鴨川庵
體驗美好日常的古雅町家

K's Villa鴨川庵是一間由K's House經營團隊所經營的一棟貸切町家，
擁有寧靜、風雅、交通便利和所有旅館配備一應俱全的特色，
期待可以成為住宿旅客在京都的另一個家。
從接洽到使用，不必要與人接觸，就像是回到了住所一樣的自在，
可以無拘束舒適的享受京都最日常的生活。

住宿時間：3天2夜　　小公主成長日記：1歲　　旅遊計畫：日本慶祝小公主周歲

度假評鑑成績單　隱密性★★★☆☆　親子性★★☆☆☆　悠閒性★★★★☆　住宿舒適度★★★☆☆　餐飲豐富度☆☆☆☆☆

我想像中的日本，還是喜歡具傳統味的一面，所以既然第一次全家一起同遊，就直接想體驗京都，品味古色古香的日本味道。在會日文的好朋友安排與陪同下，不僅讓我們非常安心又順利的前往京都，也住宿到最具有古韻的日本町家，這次旅程的感受實在是太美好了。

獨有建築風格的京町家

京町家（日文為きょうまちや、きょうちょうか）是發展於日本京都這個城市的一種職業和住宅融合一體的特有建築型式。京町家的建築多為兩層或三層樓，一樓通常做為職業場所或生意之用，有著寬度較窄的門面，沿著細長走道入內之後是寬敞的內部空間，因此

被稱為「鰻魚的寢床」。會有這樣的建築形式有一種說法是關於稅收，作為職業的店面不可以過於高調或受矚目，以避免讓政府發現到而提高稅收，因此這小小的建築巧思隱含的是京都人低調沉潛的生活智慧。

在京都市的建築定義中，所謂的町家必須是建築於1950年以前，且有按照傳統木造軸組構法修建的木造家屋才可以稱之。而這一波的京町重建風潮大約源自於2010年之後，在大批京町建築流於荒廢之時，引發了許多建築團體與旅館經營團隊的興趣，重新賦予了京町家改建成現代住宅的新生命，也讓留有傳統京都生活風味的京町家可以成為許多觀光客來京都住宿選擇的新風格，近年來深受喜愛而風行。

自由自在的鴨川庵

K's Villa鴨川庵是由日本著名的K's House營運的一棟貸切町家，K's House在日本旅館經營多年，旗下也有不少的背包客客棧，因為對於服務外國遊客非常有經驗，用英文也可以完全溝通，因此可以讓不少不會說日文的觀光客感到安心，作為町家住宿選擇的第一站非常適合。

鴨川庵的地理位置非常便利，距離京阪電車七條站只需步行5分鐘就可以抵達。入住時不需要與服務人員面對面，直接輸入訂房付款後對方所給的大門密碼即可進入，在餐桌拿到玄關鑰匙後，就可以放心地將這整棟町屋當作自己家一樣使用了。沒有面對面的櫃台並不意味沒有售後服務，遇到問題還是可以撥電話向距離只有3分鐘的K's House京都辦公室洽詢，立刻會有人前往協助處理，也可以詢問相關旅遊問題。這一棟2層樓的木造建築

的鴨川庵，與另一間町家松見庵其實共用一個大門，但入內後卻各有玄關、互不影響，大門裡還備有腳踏車和雨傘，可以供兩邊的房客使用，很適合兩個家庭一同前往住宿。

應有盡有的舒適生活

一進入鴨川庵，木質的自然香味立刻撲鼻而來，沉穩的色調也讓心情立刻沉靜，1樓寬敞的玄關，放上我們全部的行李箱綽綽有餘。餐廳、廚房、更衣室、浴室、廁所、客廳一應俱全，客廳的大片落地窗收納了鴨川美麗的風景；二樓有一間洋房和兩間和室，同樣有著眺望京都城市的美麗角度，光是到這空間裡洋溢的古雅氛圍，就讓我們感到舒適無比。

房間裡還有不少精緻的角落，像是小巧庭園裡的花木、浴室中滿溢著檜木香氣的檜木浴池，都讓人覺得很放鬆，而古樸的外觀下其實

也與現代化科技結合，檜木浴缸旁的觸控面板可以控制泡澡水的恆溫狀態，廁所裡乾淨的免治馬桶座當然也讓使用者用得很安心。雖然沒有提供早餐，但廚房裡設備應有盡有，像碗盤、電子鍋、烤箱、微波爐等皆完備，也提供茶包和現磨咖啡，一切採用自助式，是享受自在烹調京都食物的好場地。

我的廚藝不算厲害，也不曾在國外自己烹調，但也不想辜負這樣的好場景和設備，於是決定製作隔天的豐盛早餐。前一晚在超市挑選食材時已大開眼界，食材多到看不完，水果的品質也接近完美，似乎閉上眼睛都能選到好食材。隔天在大家的分工合作下，我們從容地完成了水果早餐，當全家一起上座，品味著甜美的葡萄和多汁的柑橘，伴隨窗外鴨川清晨的氣息，滿室瀰漫的都是溫馨氣味，那一刻深切地感受到家之所以為家的幸福感，也因此愛上了町家這種讓人無拘束的住宿體驗。

K's Villa 鴨川庵

客房數量：1棟（2層樓）
房價：每晚NT$12,000元起（2名，最多可至7名）
地址：下京 二宮町通正面下る上二之宮町412
電話：075-344-9911
網址：www.ksvilla.jp/kamogawa-j/

藝伎之家變身的百年町家

葵・鴨川邸是建築超過百年的町家，入口隱密、鬧中取靜。
左鄰高瀨川，右鄰鴨川的優越位置讓河畔的四季流轉盡收眼底，
這裡以前曾是藝伎的住處，現在內部裝潢偏像於精品旅館，擺放了非常多的細緻骨董，
家具則是選用Cassina、Time&Style等北歐高級傢俱，
在協調「日西合併」的風格中，完整體驗悠然的京都風情。

住宿時間：3 天 2 夜　　小公主成長日記：1 歲　　旅遊計畫：日本慶祝小公主周歲

度假評鑑成績單　隱密性★★★☆　親子性★★☆☆☆　悠閒性★★★★☆　住宿舒適度★★★☆☆　餐飲豐富度★☆☆☆☆

鴨川，是京都的母親之河，累積了一千多年的京都文化，滿溢著回憶與歷史的河流，即使到了現代，也成為伴隨著京都百姓日常生活最熟悉的水岸。春天的櫻，夏天的流水，秋天的楓，還有冬天冷冽的雪，四季在河岸旁悠悠流轉；沿岸也是古都最有年代的商家與食堂，要體驗真實的京都，就離不開鴨川。

因為這樣的理由，我們選擇了住宿在鴨川河畔、100年歷史的古豪宅－葵・鴨川邸。

藝伎故事的町家

入口隱身於停車場內、葵・鴨川邸是一間低調隱密的豪宅；必須仔細地打開這道沉重的木門，才能一窺其華美的內在。鴨川邸左鄰高瀨川、右鄰鴨川，一次收納了京都最美麗的兩條河川，讓河畔的四季美景盡收眼底。

京都的町家有種神秘且迷人的氣息，雖然隱藏在市街中，卻可以呈現最完整的京都生活日常，一般觀光客總是不得其門而入。現在藉由京都京町家宿預約系統，透過國際化且先進的團隊經營，將老宅規劃、重建，讓觀光客開始有機會在京町家住宿。「葵・KYOTO STAY」嚴選出了一系列京都市中心的古老町家建築，以最新式的設備加以改裝，細心保留老屋的風情、結構，採整棟租借的模式供旅客使用，是京都最近最流行的一種老屋活化的方式，讓現代人有機會傾聽老屋訴說的故事。

葵・鴨川邸其實就是這樣一個有內容的宅邸。這裡以前曾經是藝伎的住處，賣藝不賣身的藝伎每一個都有著故事，年輕的舞伎要接受多年的訓練才能進入「置屋」，她們在這裡生活，Okasan（媽媽）教她們習樂器、與客人應對，成為優雅又高貴的藝伎是一條漫長需要學習的道路。這些穿梭在祇園花見小路和明治時期傳統茶室、高級京料理店的美麗藝伎們，營造出的一種神秘氣息的世界，她們居住的町家，更有著讓人迷戀的氣息。

現代精品的新身分

有了年代的底蘊，卻是以現代感十足的精品旅館現身，這就是葵‧鴨川邸讓人驚豔的地方。在經過整建之後，這間豪宅以本身就擁有的骨董建築內裝和器具做基底，搭配上選用Cassina、Time&Style等來自北歐風格的各式高級傢俱，完全沒有衝突且揉合成一個感官新視界，是非常令人感到舒服的「日西合併」。日本人總是可以完美地吸收外來文化，且融入自己的文化中變成另一種特色，讓人感到非常佩服。

房間裡的擺設極具品味，有些也大有來頭，像客廳內的屏風是江戶後期祇園祭所選用的古董，黑沙發後面的復古木箱子是洗手台，特製的有機咖啡、玉肌香皂和京都今治的有機毛巾等，房間內的所有用品都精挑細選過。一種自然流瀉出有歷史、有文化、有品味的細節，就恰似是京都本身。

鴨川旁的至福時光

房間裡的視覺重點，是一個開放、可以俯瞰鴨川的木造川床露台，沒有圍欄的設計，讓視野更為開闊。光是端坐在露台上看著鴨川的風景，就已經令人感動莫名，不時的，還可以看到在鴨川旁運動、散步的京都人們，彼此視線巧妙交會卻又很禮貌地不互相干擾。這一種雖然靠近卻又讓人感到安心的距離體驗，讓人可以從容地觀察、充分地感受鴨川日夜晨昏的變化。

早上，我們全家人都沐浴在陽光下的露台上，

一邊伸展著身體、一邊享用服務人員送來的名店現做早餐，那種感覺真的是暢快極了。雖然住宿期間遇上颱風來襲，但是老天對我們真的很好，風雨只有在晚上輕輕地掃過，白天陽光依舊燦爛，讓我們得以好好地享受這份時光。

樓上有一個西式的房間，還有一間榻榻米上的鋪床，一整棟大約可住5人以上。原本以為這樣的町家並不適合小孩，結果卻不然，老房子意外乾淨清爽，沒有一點的小蟲，1歲的小公主愉快地在榻榻米上步行，完全沒有不安全的問題。臥室二樓可以俯瞰著鴨川波光粼粼流淌的大窗戶，也是小公主最愛的角落，總是在趴在那裏欣賞窗外，可見她有多麼喜歡這裡的風景。

體驗穿和服的一天

日本這個國家雖然很少看到小孩,但卻很適合親子一起來。整潔又寬敞的道路、隨處都可以找得到的乾淨的廁所、完善的公共設施,與方便推車的人行道,而且他們對於行人很尊重,不亂鳴喇叭也不超越驚嚇,守規矩的公民態度讓親子家族得到很大的便利,難怪那麼多人喜歡去日本旅遊。

和服之美真的是老少咸宜,我們散步到一家咖啡廳時遇見一群穿和服聚會的女孩,她們看起來既正式又美麗,我們邀請她們一起拍照,她們也很開心的答應。當她們知道我們來自臺灣時,更加親切,尤其是311震災過後,日本人對臺灣人好感度倍增。看到她們美麗的身影,我們也對即將要體驗的穿和服活動倍感期待。

隔天我們母女倆換上和服到花見小路散步時,路人見到小公主的和服模樣太可愛,沿途總是有人和我們拍照互動,她似乎也感受到受歡迎的氣息,態度從容大方又友善地和所有人微笑,真的是非常專業的小麻豆。

旅行中就是因為和這麼多友善的人的邂逅,而顯得格外有趣。讓我覺得在傳統美景之外,美麗的京都又更迷人了。

葵‧鴨川邸

客房數量:1棟
房價:每晚NT$26,000元起(2名,最多可至5名)
地址:京都府京都市下京 木屋町通松原下ル材木町
電話:+81-75-354-7770
網址:www.kyoto-stay.jp/list/kamogawa/

庵・美濃屋町
鴨川河畔的醫生名所

靜謐的鴨川河畔，流動著京都人的日常，
要真正體驗在地人生活，請來美濃屋町住上一晚。
坐落在迂迴路地裡的美濃屋，以往是耳鼻喉科醫生的營業場所與住家，
寬敞的空間裡飄散出濃郁又典雅的舊時光，
換上和服、穿梭迴廊，恍然遇見前世也是京都人的自己；
陽光灑落在庭園，照亮了一家人擁簇在一起的幸福光燦。

住宿時間：3天2夜　　小公主成長日記：1歲　　旅行計畫：日本慶祝小公主周歲

度假評鑑成績單　隱密性★★★☆☆　親子性★★★☆☆　悠閒性★★★★☆　住宿舒適度★★★☆☆　餐飲豐富度☆☆☆☆

經有了兩間住宿在典雅町家的美好經驗，讓我們更期待接下來所住到的百年町家會是怎麼樣的驚喜。位於京都的木屋町通巷子裡的路地（意味日文的胡同、巷弄、蜿蜒的通道）裡的庵‧美濃屋町，是位於連牌町屋裡的一間，我們從辦公室拿到了町屋鑰匙，開始在巷弄裡尋寶。

醫宅的豪門風範

這間的寬度明顯比前面兩間町家更寬，且深度更長，感覺就是古代貴族才會擁有的房子，讓我們對它背景有了更多好奇心。轉開木門，首先有個造型優美的日式庭院，還有一處讓人靜心的迴廊，穿越了庭到達玄關，才可以到屋裡一探究竟。屋裡左側還有招待客人的茶室，讓我們深深感覺到此間的上流氣派。

緊鄰著鴨川的露台寬敞又舒服，大片落地窗感覺和鴨川好近，還可以遠眺到清水寺的塔樓，整個視野和感受都好清新，似乎再靠近一點就可以看得見優游在川底的魚了。玄關處的樓梯牆面有個小小的木製招牌，寫上了耳鼻喉科診所，原來這裡以前是醫生的家，難怪氣派非常。一樓靠近陽台處風呂還特別以檜木製成，滿室生香，在這裡泡湯不只可以賞河景，也像是置身在森林裡，非常享受。

二樓有兩間寬敞的榻榻米和室，訂房時辦公人員說最舒適的住宿人數是8人，以空間來看，其實10多人都不顯得壅擠。這裡每個空間的擺設都充滿了日本風味，小細節像是床脇、次之間、後緣側、茶間、台所、廊下、寢所、押入，都有好好地被保留以及佈置。最大的和室還有大型的字幕屏風，整個空間開闊、陽光與

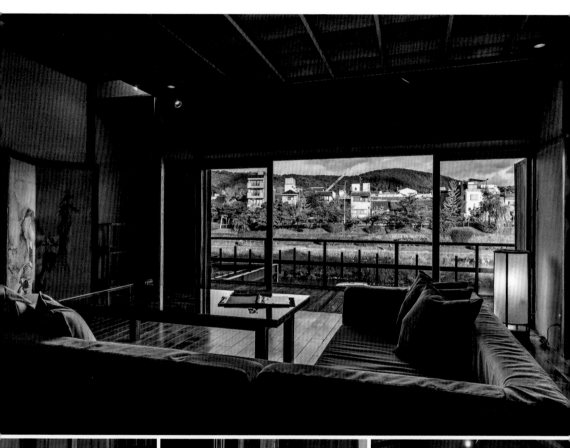

空氣都很充足，3樓還有一間小巧閣樓，讓人一進入就喜歡到不行。

小公主抓周樂

因為房間很大，大家可以很自在的找到自己的空間，隨意坐著吃東西、聊天，整棟別墅沒有別人打擾、無拘無束，是讓我沉醉的親子快樂時光。小公主此刻正是剛學會走的年紀，榻榻米的日式房間正適合她，不用擔心她的安全，鋪在地上軟蓬蓬的棉被也成為她最愛的遊戲床；一放下來小公主立刻展開了冒險，這裡「咚咚咚」的走著，那裏「咚咚咚」的看著，模樣真是有趣極了。

這次的旅行目的，主要是慶祝小公主滿周歲生日；我們特別想在空間大的地方舉辦抓周禮，而這間美濃屋的寬敞正適合。一般的抓周是在篩子上放置各式各樣的器具，像是蔥、蒜、計算機、書本、刀子、聽診器等，但出國當然沒辦法帶這麼多的器具，於是靈機一動，就決定用圖卡來代替。在大和室裡所有人屏氣凝神，等待著小公主選擇的那一刻。小公主也很認真，感覺是經過思考的選擇後，她第一個抓的是書，第二個抓的是衣服，第三個抓相機，抓周儀式大成功。衣服跟我的造型工作有關，相機是他爸爸的興趣，果然是深受我們影響的小公主呢！而這個以字卡替代抓周禮的方法，也提供給其他爸媽參考。

超難忘的和服體驗

為了更貼近日本歷史感的懷舊生活，我們特別租借了和服、木屐，也給小公主準備了一套，搭配著合適的梳妝，開始展開我們的日本和服體驗之旅。

和服不愧是優雅的代表，一穿上身，整個動作手勢完全改變，連走路的韻律都有了古風。看著鏡子裡的自己穿著和服，那合適的模樣，我不禁懷疑這就是我前世的樣子。

我們住宿的地方離祇園很近，如此的裝扮，最適合去那裏漫步。白天和夜晚的祇園花見小路氣氛各不相同，漫步在白天清麗、夜晚熱鬧的花街，穿梭在明治時期傳統木屋、高級京料理店，錯身而過的美麗藝伎，恍然間自己也回到了復古的那個世界。

在京都感受文化傳承

為了完整體驗京都藝伎生活，這次的行程也特別安排了欣賞舞伎演出。演出時間正逢午餐時刻，包廂裡每個賓客的桌前都有一盒精緻的和風便當，開動沒多久，一位盛裝的舞伎就現身了，我們可以很清楚的看到她的妝容還有打扮，還有那獨特的包髻髮型，尤其脖子後頸的畫法，細膩又溫柔。

搭配著屏風後面撥放的音符，她開始緩慢舞動，曼妙的輕擺、身段，盡是優雅的舉手投足，即使不懂音樂表達的意義，也會被感動。整場表演，三首歌、半個小時的時間，大家的心靈都被這富有文化內涵的表演給撼動了。

小公主真的是個天生的旅行家。原本很擔心她會因為不懂這場演出、覺得枯燥而吵鬧，尤其現場空間約只有5坪大小，而且非常安靜。本來在進入表演場地前小公主活力還很好，沒想到一進入房間突然睡著，一直睡到舞伎表演結束才醒，所以大人們可以很完整、無干擾的體驗這段演出，真的是配合得天衣無縫啊。

京都的旅遊體驗，就是讓人感受到對傳承的美與尊重，祖先留下來的東西能夠很細膩且珍視的保存下來，流傳下去的不只是形體，還有意念與文化、家庭觀、倫理觀，那是一種深度的心靈感動。

透個這次旅程中的三的町家住宿，感受到京都很真實的美好細節。相信這是很多人愛上京都、我也愛上京都的最重要原因。

庵‧美濃屋

客房數量：1棟（2層樓 3間和室）
房價：每晚NT$15,000元起（2名，最多可至8名）
地址：京都市下京 木屋町高辻下ル
電話：075-352-0211
網址：www.kyoto-machiya.com/machiya/minoya.html

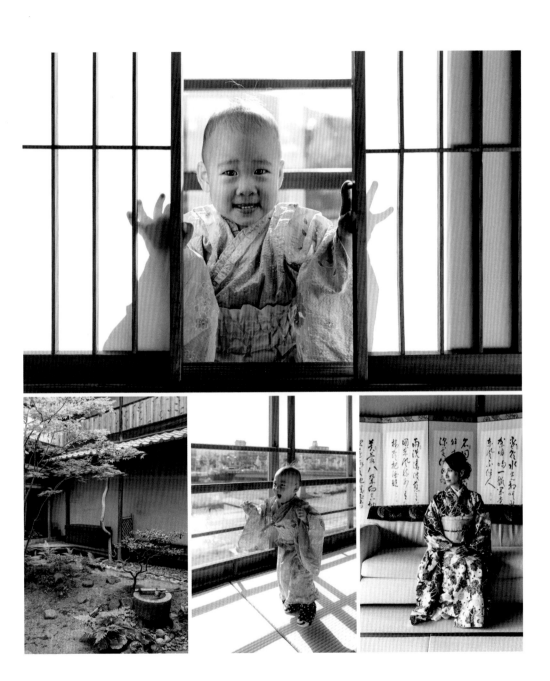

異域裡的淨土。
阿曼王國

O m a n

伊朗

波斯灣

卡達

杜拜

阿布達比

Six Senses
Zighy Bay

阿曼灣

The Chedi Muscat, Oman

Grand Hyatt Muscat

阿拉伯
聯合大公國

馬斯喀特

Alila Jabal Akhdar, Oman

沙烏地阿拉伯

阿曼

阿拉伯灣

亞洲

非洲

位於阿拉伯半島東南端的阿曼王國（Oman），
緊鄰阿拉伯海、阿曼灣，
四周圍繞阿拉伯聯合大公國、沙烏地阿拉伯、葉門等國，
乍聽之下以為置身戰區，
其實首都馬斯開特（Muscat），離豪華熱鬧的杜拜只有半天車程，
卻意外地呈現遺世獨立的優美絕景。

阿曼是個古老國家，境內擁有4,000年以上的文化遺跡，
還有曠野沙漠、奇岩山脈、湛藍海灣，
以及華美的宮殿和市集，
在阿拉伯世界裡獨自優雅地存在著，
守護這一片不被外人打擾的世界級景致。
在寧靜祥和裡，看見最純真絕美的阿拉伯土地。

Grand Hyatt Muscat

海上中東 令人放鬆的阿拉伯風旅店

阿曼王國是我們探索中東的起點。
中繼站選擇的是水準穩定的Grand Hyatt Muscat，
在下榻之際，以往對回教國家的負面印象完全顛覆，
濃郁阿拉伯風的品味設計，在清爽空氣、湛藍海水陪襯下，
對這裡的好感油然而生。

住宿時間：4天3夜 ┃ 小公主成長日記：1歲1個月

度假評鑑成績單 ┃ 隱密性★★☆☆☆ ┃ 親子性★★☆☆☆ ┃ 悠閒性★★☆☆☆ ┃ 住宿舒適度★★★☆☆ ┃ 餐飲豐富度★★★☆☆

當我知道這趟旅程要造訪的是中東國家時，不由自主地心中有些忐忑，畢竟在我的生活圈裡很少有機會可以接觸回教國家的人或文化，而且隔著海的對岸就是素以戰爭聞名的以色列與敘利亞，讓我感覺這會是一趟冒險之旅。然而，先生之前所規劃的旅程都完美無缺、不曾令我失望，所以當他提議要來這個國人很少前往的地域時，我相信他一定做了周全功課。就這樣懷抱著五味雜陳的緊張心情，一路由曼谷經巴基斯坦飛到阿曼。

旅途漫長，在飛機上的小公主一路上睡得香甜，暗示著這趟旅行會非常美好順遂。在巴基斯坦轉機時，維安人員曾經荷槍實彈地登機檢查，氣氛的確有些緊張；直到該檢查的都過關之後，心中大石終於放下。飛機抵達阿曼，目光離不開的就是那一片純淨到不能用言語形容的湛藍色海水，搭配著清爽無比的乾淨空氣，對這個國家的好感度瞬間飆升。

驚豔君悅　細緻品味商務酒店

馬斯喀特是阿曼的首都，也是第一大城市，酒店坐落的位置正是首都裡最熱鬧的行政區域，附近大使館、行政機關林立，因此這家酒店以服務來自世界各國的洽公商務客為大宗。原本以為連鎖品牌的商務酒店應該沒有甚麼特殊之處，然而一進入酒店廣闊的大廳卻異常驚豔，酒店設計、玻璃形狀、圖騰安排，細節中盡傳遞著濃濃的阿拉伯文化，極具風格，強烈對比的色彩與金碧輝煌的門搭配，目光所及都是美感，連剛滿周歲的小公主都忍不住「哇！」地驚呼了一聲。酒店接待人員親切又專業，讓人知道這裡絕對具備五星以上水準。

酒店其實就位於市區Shatti Al Qurm海灘旁，這裡是阿曼馬斯喀特外交和政治中心，交通方便，還擁有24小時商務中心和秘書服務，成為商務客的最愛；因此酒店配備有一處可容納800人的Afrah宴會廳、一個迎賓區和三間額外的會議室。對休閒人士來說住這裡也很適合，有健身房、網球場、壁球場等，還有個提供蒸

氣、按摩、美容沙龍、身體和面部護理的SPA中心，能夠好好療癒身心。

因為抵達時是下午，我們決定先進房間休息，隔天再好好觀察酒店。隔天，清晨的鳥叫聲喚起熟睡的我們，10月有點冷冽但乾燥的空氣瞬間把睡蟲趕跑，這樣的溫度與濕度實在是舒服極了。陽光和煦，我們就決定在戶外用早餐，而露天座位的位置就在酒店廣場中央。因為這裡的每間客房都擁有私人陽台，所以可以看見很多歐美房客在戶外的陽台上用餐或看報。沒有太多吵雜的人聲，大家都輕聲細語，周遭只有鳥兒的歌唱。很驚訝這個國家竟然如此寧靜，心中充滿了安定，用起餐來也更舒心了。

酒店裡還有4間不同風格的餐廳，包括：Club Safari頂樓燒烤屋、提供中東特色菜式的Mokha Cafe、亞洲美食的Marjan Beachfront Restaurant and Bar和義大利菜色的Tuscany。

注重家庭生活 乾淨的友善國度

吃完早餐，我們決定散散步。游泳池畔，已經有很多中東家庭在溫潤池水中玩樂；這家服務很好的酒店除了外國客很愛，本國的在地客也不少，游泳池更直接通往Shatti Al Qurm海灘，玩水或戲浪都很方便。

平常生活拘謹的中東人，有些擁有2個以上的妻子，5、6個以上的小孩，周末假日攜家帶眷一整個大家庭到酒店享受難得的解放與親子生活。走到酒店前的公共草皮，學校的足球比賽正在進行，有更多的家人在旁加油打氣，原來回教國家那麼注重親子關係互動，過去我們對他們的認識真的太少。修剪整齊的草皮非常乾淨、看不見一丁點垃圾，讓人想脫下鞋赤腳感受土地的美好。小公主在這裡愉快地追著鳥，不自覺地融入阿曼王國的日常生活。

草皮外就是沙灘，很多運動的人來這裡揮灑活力。細緻柔軟的沙地上有很多小生物，小朋友在這裡愉快地追著浪花和寄居蟹交朋友，

很多家庭在此享受親子互動的休閒時光。對於見不到垃圾這件事，忍不住問起酒店人員，原來阿曼很重視垃圾不落地的教育，養成了他們在公共場合一定會將垃圾帶走的習慣，「如果有垃圾，那絕對是觀光客丟的」。這樣的公民素養，讓我對這個國家肅然起敬。

Grand Hyatt Muscat
馬斯喀特君悅酒店

客房數量：280間
房價：每晚NT$13,000元起
地址：Shatti Al Qurm, P.O. Box 951, Muscat,Oman 133
電話：+968 24 64 1234
網址：muscat.grand.hyatt.com

Alila Jabal Akhdar, Oman
磅薄氣勢的阿里巴巴新世界

Jabal Akhdar，在阿拉伯的語意裡就是綠色高山的意思，
聳立在海拔2,000公尺的山脈之上，擁抱著蕩氣迴腸的優美峽谷和鬼斧神工的巨岩山脈，
就像是阿里巴巴獲得勝利後展現的雄渾氣魄，站在山巔、睥睨世界。

這樣壯觀的景，正適合由世界頂級，獲獎無數的Alila豪華精品酒店所守護。
尊重當地人文與自然，營造與在地融合的低調奢華住宿體驗，
這樣的度假方式怎麼可能不完美。

住宿時間：5天4夜　　小公主成長日記：1歲1個月

度假評鑑成績單　隱密性★★★☆☆　親子性★★★☆☆　悠閒性★★★★☆　住宿舒適度★★★★★　餐飲豐富度★★★☆☆

前往中東世界的旅程是一種顛覆印象、眼界開展之旅。風景用無比壯闊的方式鋪陳，一望無垠的沙漠、綿延至世界盡頭的峽谷、浩瀚至天際線的湛藍海域，單純的原色之美直指內心，敲擊並感受著，原來美真的會讓人泫然欲滴。而在阿曼的Alila Jabal Akhdar, Oman，就是這種來過一次，就會讓人感動一生的美景酒店。

財富力驚人的阿曼王國

阿曼王國因為地理關係，不完全是沙漠地形，有海岸、也有2,000公尺以上的高山高原和縱長的峽谷，Alila Jabal Akhdar, Oman就坐落在這樣的高原上。

這裡的氣候依舊乾燥，高山的綠被裸露的岩塊取代，一層一層交疊的橘黃色山丘綿延著，唯有山頭上的綠意輕描淡寫著，呈現一種夢幻似的中東世界。

和我們印象中的沙漠景致很不一樣，阿曼王國因為石油生產而累積了龐大財富，是世界上名列前茅的富有國家；又因為有著2,500年來的人工渠道「法拉吉」的水利技術和灌溉系統，為這塊土地帶來難得的泉水和綠蔭，加上擁有豐富的礦產及物產，足以自給自足而不需要靠外力協助。阿曼的交通建設非常發達，從要前往Alila Jabal Akhdar, Oman的一路上，筆直又平坦到比美先進國家高速公路的道路水準來看，就知道這個國家的財富力驚人。

地廣人稀的土地，行車往往要一大段路後才會有一個村落；而街道上非常乾淨整潔，遇到的人民友善又有禮貌，讓旅人對阿曼的第一眼印象都非常好。不只如此，人民福利相當優越，不僅不需要繳任何所得稅，還有各式各樣的生活補助，包含醫療、住院、水電、住房全免費，人民若是想要受教育，到大學的學費更是全免，聽了讓人好生羨慕，都想當阿曼王國的公民了呢。

穿越時空的高山美景震撼

Alila Jabal Akhdar, Oman 蓋在阿曼市郊海拔2,000公尺的高山上，平坦道路帶領我們一路攀高，雖然蜿蜒卻相當平穩，一個山坡接著一個山坡，舒服又沁涼的空氣開始竄入車內，氣溫一下子就由平地32度的高溫，下降至不到20度的舒爽氣息。酒店周遭都是純樸的村落，一路上可以看到很多牧羊的村民悠哉漫遊，動物們自在穿梭，一派悠閒的真實生活味。山頂因為擁有俯瞰這片峽谷的優越位置，因此很多當地人也會選擇在周末假日到酒店度假，享受這片上天賜予的美景。

到了酒店，帥氣的服務生立刻端起造型優美的阿拉伯風茶壺倒茶讓我們解渴，特殊瓶身提醒我們已經進入了阿里巴巴的世界。原來，阿曼是辛巴達故事裡出港的啟航站，故事描寫的場景就是古時候的阿曼王國，眼見許多似曾相似的器具都在小說或電影中出現過，讓外國旅客感到神奇。為了不讓建築顯得突兀，Alila這個品牌的酒店設計向來以融合在地環境為最主要宗旨，在阿曼這間的細緻度更加上乘。石頭砌成碉堡狀，房間錯落在山坡上，就是遵循阿曼古傳統建築工法建造而成，新舊融合的手法美麗又獨特，一踏入彷彿就穿越了時空。

房間設計很重視細節，起居室與戶外可以通透的落地窗，收納著一天不同時段的不同姿色，日出、日落、天晴或下雨，每個角度的景觀都不同；浴室的泡澡池旁也設有大的觀景窗，不錯過任何一刻和美景相擁的機會。露台的視野遼闊，山谷和雲之間距離非常近，走出來散步，彷彿一伸手就可以輕鬆的摸到雲，與他對話；待山邊一陣風吹來，雲又頑皮地飄走了，這彷若天人合一的住宿境界，真是感動的經驗。

為了讓住宿的景致更完美，我們選擇了兩間不同面向、分別可以欣賞兩側不同地貌的獨棟別墅，觀察到天地間不一樣的風光與色溫。特別推薦在日落前要待在陽台欣賞蜿蜒山谷和夕陽的變化，太陽在此刻由金黃轉為紅色，大大的輪廓落入山谷間，整個光暈壟罩大地，萬物寂靜地等待著陽光的道別，很蒼茫獨立遺世，但卻不會讓人感到孤單，那是一種美到叫人屏息的悸動。

帶著小公主，我們每天都雀躍的等待著日出、夕陽和晚霞帶來的光影震撼，或在大廳就著爐火啜飲著可以無限續杯的溫潤紅茶，或是在房間露台上一家人依偎著取暖感受這片荒蕪大地所帶來的浪漫，大自然的美如此令人意猶未盡，是留存在記憶中寧靜又溫暖的時光，也是讓我們對旅行一再上癮的原因。

靜享和建築對話的世界

此間Alila酒店的房間並不多，大約40間，全數蓋在岩石上，要在凹凸不平中取出優美的水平線本來就不容易，因此讓這間酒店更顯獨特。刻意與當地建築相融合的作法，是可以

貼近在地生活的一種方式。村落裡的羊群、驢子還可以自由穿梭在酒店的階梯或房間露台上，成為住宿期間最可愛又友善的鄰居，小公主每天起床都愉快地和這些動物交朋友、打招呼，好不忙碌。在房間的設計上可以感受到設計師的用心。遵循在地傳統特色重新組合，用線條光影等元素重塑，營造出結合了具有中東文化精隨卻又現代時尚的氣息。像房間裡的阿拉伯裝飾燈，以竹子線條的設計創造出了柔和感，透過與陽光互動形成的光影，又是一種讓人意想不到的美感藝術。

住宿期間，我們每天都欣賞著、讚嘆著。

這酒店設計的講究之處還很多，像是設在懸崖邊的無邊際游泳池。一般海島的躺椅是在看海，這裡卻是在看遠山，清晨薄霧襲來一片霧霧茫茫的山景與枯木，別有一番意境；而我們也有幸遇見雨後彩虹映襯的池水，此時的水光變化又更加繽紛了。因此每到下午茶時刻，餐廳就會聚集很多來此賞景的觀光客或房客，拿起相機努力捕追這裡奇妙的峽谷光影，喀擦聲不絕於耳。

靠近懸崖邊的房間風景極好，尤其是星星升起時的那種明亮皎潔，感覺和天空非常靠近，彷彿這世界上就只剩下自己和星星。酒店裡雖然只有一間餐廳和一家酒廊，但菜單豐富並且會貼心為小孩準備兒童餐點，小公主和我們都吃得非常開心。

這裡的五星級服務也令人稱讚，而且餐廳的

服務生每天都會對小公主微笑打招呼，讓小
孩卸下心房安心遊玩。所以很多當地的貴族
選擇假日來這裡度假。常常客滿的房間，就
是對酒店一向最實際的肯定。

親近在地的文化和土地

因為地理位置獨特，這裡的高原氣溫變化之大也令人印象深刻。早晚溫差非常劇烈，早上常常只有18度，到了中午卻立刻飆升到35、36度，這時就會有人穿比基尼到無邊際游泳池畔曬太陽，而氣候乾燥，陽光的穿透力特別強，如果不防曬恐怕一下子就會曬傷；從短袖到棉襖，必須採取洋蔥式的穿法才能應付。

體驗過這樣的溫差後，就很能理解為何在地人的傳統服裝為長袍。這種長袍防風、防寒又防曬，熱的時候通風，冷的時候只要再加件背心就很保暖，這就是生活的智慧。入境隨俗，我們去了市集買傳統服飾來體驗，不貴又漂亮，重點是，穿起來真的很舒服呢。

這裡也可以觀察到很多有趣的阿拉伯回教文化。因為這裡為父系社會，在餐廳裡常常可以看到一桌有4個男生喝咖啡、聊天，如果有女生，那一桌一定是一男一女或一家人，很少看見4個女生喝咖啡的場景。當地的人們多半教養好又有禮貌，打破以往我們對中東人的刻板印象，這裡的文明與先進，已經超越了我們的思維，也提醒自己更該用謙卑的態度去看世界。

古城漫遊　日常的真實生活

因為在此停留的天數多，期間聘請了一位導遊花半天的時間帶我們去馬斯喀特市區，體驗阿曼的真實生活。從酒店搭車大約30分鐘，就可以抵達市區。

導遊是一位講話慢條斯理，且很有禮貌的紳士，小公主一見到他就很喜歡，導遊也熱心的招呼我們。這座古城的建築都不高，原來是阿曼王國為了保存古城的一切古物，不希望過度開發破壞原貌，而制定了對建築高度和建造方式的嚴格規範，因此在這裡很少看見高樓大廈，市容維持得相當完整，絲毫不破壞歷史文物的古樸風貌，讓人猶如身處古時候的阿拉伯世界。

這裡的傳統市集相當熱鬧，就像是電影裡辛巴達世界的真實呈現。觀光客不少，在紀念品店裡販售著很多挖洞的造景燈，可見在沙漠尋寶的傳說一直不間斷，這樣的小紀念品很吸睛。另外賣最多的就是造型奇特、就像是我們在阿里巴巴書中所看到的水甕。早期這裡的雨水下得少，居民多半使用這種甕來接水；我們也特別買了一個小甕，當作這次的旅行紀念。

傳統市場也非常整潔乾淨，完全沒有市場裡想像得到的臭味，食材應有盡有，像是肉、乾果、蔬菜等，擺設有條不紊特別清爽，空氣中飄散的都是濃郁的香料味道，芬芳又宜人。傳統市集裡的商人也都翩翩有禮，動作輕柔，讓人印象深刻。

來到這裡自然該大膽嘗試一下阿曼特有的傳統點心。這裡有很多由椰棗或麵粉製成的甜點，我們買了一盒有著番紅花獨特香氣的類似年糕口感的甜點，口味甜膩，雖然不難吃，但還是需要搭配咖啡才會對味。

除了椰棗，還可以在攤子上看見多種編繩、羊毛毯子、坐墊等，喜歡編織的人在這裡應該會買得很開心。馬斯喀特市區除了清真寺、傳統市集，還有座拜德阿爾祖貝爾博物館（Bait Al Zubair Museum），穿過了古老的門之後，可以看見阿曼古代的傳統生活器物、服飾、武器等，處處流露著古意。

神秘又美麗的阿曼，給了心靈和視野全新的洗滌，在綺麗又單純的大自然之前，只要擁有眼前這片美麗的風景，再也沒有其他物慾奢望，這就是旅行對我們的真義，來一趟阿曼，就能深切感受了。

Alila Jabal Akhdar, Oman
阿麗拉傑貝阿里阿爾達爾酒店

客房數量：40間
房價：每晚NT$12,000元~250,000元
地址：Plot No.4 Al RooseJabal Al Akhdar, Nizwa
　　　Sultanate of Oman
電話：+968 2534 4200
網址：www.alilahotels.com/jabalakhdar

The Chedi Muscat, Oman
擁有中東最長泳池的傑出旅店

The Chedi Hotel是世界頂尖精品酒店管理集團GHM底下的品牌之一，
在馬斯喀特（Muscat）的這間酒店，延續了GHM不凡的獨特品味和精緻服務，
還融合了在地文化，以坐擁阿曼灣美景和中東最長103公尺的泳池而聞名，
要在阿曼王國享受一趟奢華旅程，來The Chedi Muscat, Oman絕對可以滿足想像。

住宿時間：4天3夜　　小公主成長日記：1歲1個月

度假評鑑成績單　隱密性★★★★☆　親子性★★★★☆　悠閒性★★★★★　住宿舒適度★★★★☆　餐飲豐富度★★★★

走過了磅薄氣勢阿曼王國的高山，我們回到阿曼的首都馬斯喀特（Muscat）。馬斯喀特是個很有歷史感的城市，從1507年葡萄牙人進駐後，就開始了發展，爾後又在歷經了波斯入侵，終於在1749年成立了阿曼賽義德王朝（Al Said），後來又遭遇過英國入侵，但現在已經是阿拉伯半島中集神秘、祥和、寧靜又美麗的國度。

阿曼人相信，聞名於阿拉伯國家之間的《一千零一夜》的故事背景就是在描述馬斯喀特，內容裡的主角－熱愛冒險的英雄辛巴達，指的就是阿曼鼎鼎大名的航海家阿布·奧貝德·卡薩姆，讓已經充滿著許多文化遺產的首都，又添上了幾許傳奇。雖然貴為阿曼王國的首都，但這座城市卻沒有太多水泥叢林和華麗裝飾，樸拙白色的房舍沿著海岸線鋪展、群山環抱又面對著大海、加上沿途的空氣中都飄散著這裡的特產－乳香，讓所有人一接觸到這座城市就充滿了感官上的驚豔。

從不讓人失望的GHM

走訪過很多國家，每次入住GHM（General Hotel Management）所經營管理的酒店，感受都非常完美。1992年成立於新加坡的GHM頂級酒店集團，20多年來深度地經營亞洲，酒店的特色在於對文化的敏感，考究地了解在地的歷史和地理特殊性，由傑出的建築師團隊以現代手法打造出最貼近當地風土民情，精緻又簡約、令人讚嘆的酒店及度假村，而且同時兼顧和保存了當地的自然環境和生態。

GHM早已經成為世界上數一數二的精品酒店規劃、發展及酒店營運管理的團隊，旗下包含了The Chedi Club、The Chedi Hotel和The Serai

Hotel，每間都令人激賞萬分。這樣的品牌深受全球頂尖人士的歡迎，因此當我們知道The Chedi在馬斯喀特也有一間，且擁有全中東全長103公尺的泳池，立刻決定在旅途中一定要前往試試。

獨到的氣氛營造

一踏進遠離市區的酒店，立刻感到The Chedi的風情萬千。有著伊斯蘭風格的拱廊造型的大廳幽暗寧靜，布幕又似帳篷，其中有無數的燈火交錯，猶如進入了神秘的阿拉伯世界；每位房客都像是進入故事之中當主角。我們接過了迎賓酒之後，先坐在裝飾華美的椅墊上休憩，空氣間洋溢復古氣息，歐式風格、阿拉伯裝飾和阿曼傳統古董等的混搭中見協調，也可以走到一旁的酒廊啜飲飲料，順便欣賞一下眼前藍寶石般的曼妙海景。

我們首先在酒店裡參觀。The Chedi Muscat坐落在市郊阿曼灣旁一片占地廣達21英畝花園綠洲裡。這裡的建築以阿曼當地特色為主，3層樓高的視野、純白的外觀，分成了客房、套房和別墅；酒店的設施之中最吸睛的當屬泳池，這裡共擁有3處不同位置的戶外恆溫泳池，包含僅限成人使用的Chedi泳池、設有帳篷的Serai泳池，還有中東地區最長的長泳池等。泳池之外則附設有370公尺的酒店私人海灘，在這裡享受日光浴、或悠閒地看一本小說，都覺得清閒又舒適。

酒店中的泳池擁有坐看阿曼灣和阿曼哈迦山脈最好的位置，我和小公主每天一早都來這裡散步，開始我們的完美一天。Serai泳池上面的帳篷可以讓親子遮蔭，還附有淺灘可以讓小朋友在這裡玩水，小公主每天玩水、海灘玩沙玩得不亦樂乎。

而庭院裡的造景也非常美麗，草皮、花香、棕梠樹和水世界庭院，光是欣賞這裡的生態之美就已經目不暇給。小公主每天愉快散步，滿園的綠意吸引了很多鳥兒前來吟唱，小公主不禁追起鳥來，大喊著：「Bird、Bird、Bird」，而她認識的鳥「Bird」這個字，就是在這間酒店裡學會的。

奢華又浪漫的風格度假

這裡的房間也非常時尚，開闊的空間、挑高的天花板和巨大的窗戶，將中東的溫暖陽光全部收納進來室內，有著亞洲和阿曼風格的不同裝飾，揉合出簡約又現代的時尚感，其中阿曼風睡床是視覺的焦點，沒有過分的裝飾卻能傳遞奢華氛圍，讓人不得不佩服設計此間酒店的日本著名室內設計師Yasuhiro Koichi的精巧高明。房間裡值得一提的還有開放式浴室，配備了水流強勁的花灑設施，讓人很輕易地就消除了一天的疲憊。

這間酒店讓人拍手叫好的還有餐廳，除了主餐廳外，還有4處開放式用餐環境，可以迎合任何房客的用餐需要。拱頂結構的主餐廳呈現出典雅的阿曼風情，水晶吊燈彰顯了貴氣，搭配上現代化的深灰色水磨石地板，加上有現場鋼琴演奏以及坐看花園庭院的好角度等，很適合享用浪漫的情侶餐。

因為帶著小公主四處遊玩，我們偶而也會在池畔的泳池小屋裡就近用餐，邊看著泳池傍晚的美麗燈火、邊享受天倫之樂。美麗的游池畔彷彿是在地人喜愛的用餐環境，常常到了晚上、燈火一點，就可以看到許多年輕的阿拉伯貴族以及白人女子戴著頭巾來到泳池畔，或用餐、或玩耍，和白天風情又截然不同了。

極致悠閒　人生樂事

這間酒店的水療也相當聞名，峇里島水療手法可以瞬間讓人恢復元氣，水療中心的風景建築也很美麗，是讓心靈沉澱的好地方。

Chedi泳池畔的夜晚變身為夜店，還提供阿曼水煙讓成人可以舒緩身心，似乎所有的年齡層都可以在這裡享受到樂趣，這麼美好的環境讓度假的層次更加提升。

The Chedi Muscat, Oman
阿曼祺邸酒店

客房數量：158間
房價：每晚NT$18,000元起
地址：North Ghubra 32 Way No. 3215 Street No. 46
　　　Muscat, Sultanate of Oman
電話：+968 24 52 44 00
網址：www.ghmhotels.com/en/muscat

Six Senses Zighy Bay
與世隔絕的生態美學旅宿

這裡可以算是阿聯酋的世外桃源吧！
雖然這裡是阿曼王國的領土，
也是阿聯酋人最愛的濱海天堂－Zighy Bay，
夾在海岸山中的一片小海灘設計成當地漁村風格的海濱度假村，
可以簡簡單單搭快艇進入酒店，或是想要刺激一點？
那就選擇利用滑翔翼乘風而來！

這裡就是一個獨立世外的小天地，
沒有城市的喧囂、沒有車潮紛擾，只有海風與天際。

住宿時間：8天7夜　　小公主成長日記：1歲1個月

渡假評鑑成績單：隱密性★★★★　親子性★★☆☆☆　悠閒性★★★★　住宿舒適度★★★★★　餐飲豐富度★★★☆☆

不可諱言，會來中東旅行主要就是為了這間遺世獨立且瀰漫著神秘面紗的Six Senses Zighy Bay；親炙的過程沒有失望，感動甚至超乎想像。

神秘、荒蕪、有刺激感的國度，沙漠村落的質樸甘甜，認真享受每一天與大自然融為一體的自在生活。「活著真好！」，帶著度假洗禮過的動容心情，心情的缺角像是補滿了一塊，有了回到現實生活的勇氣，繼續為人生旅程努力奮鬥。

由杜拜（阿拉伯聯合大公國）前往位於阿曼Musandam穆桑達姆半島的Six Senses Zighy Bay，車程約120分鐘，路途平緩景致美麗，但我們卻因為要見到心目中最嚮往的酒店而過於興奮開始緊張：尤其在過海關時，荷強實彈的

軍人檢查著我們的護照，讓我們開始意識到中東的肅殺氣氛，因為位在阿曼灣的這個半島對面，正是紛擾不斷的伊郎與伊拉克。

過了海關，視野逐漸放在車窗外，欣賞這個以產礦和石油為主Musandam穆桑達姆半島上光禿禿的空曠山景，這樣的景象前所未見，橘紅的沙地向天際線綿延，遠方的山也是不同層次的橘紅色堆疊，讓偶爾佇立的綠樹有孤單之美。村落與村落間相隔甚遠，挨著樹、相隔總在公里之外的小平房就是當地人的住家，門前通常有兩三隻羊躲在樹下避開太陽。偶而遇見在沙漠中的綠洲，停下來啜飲甘泉，可以從喉間感受到水質的甜美。這個看起來荒蕪、神秘卻又充滿刺激感的大地，無聲的世界呈現無邊的美景，純粹的綿延色調彷彿進入神話之境，心情也隨著風景而平穩和緩。

之中抵達酒店。此刻正巧山羊前來迎接，對於這一連串的生態見面禮，印象實在深刻。

這才想起當初要入住這家酒店前，酒店人員特別致電詢問要選擇哪種方式前來。原來這間酒店從入住前的交通就已經非常特別，除了像我們用比較保守的方式選擇坐車前來，還可以選擇以搭船、水上飛機的方式前來。而最刺激、也最受歐美人士喜歡的前往方式，就是停留在剛剛我們車子行經的高聳山頭，換上了飛行傘裝備後，由天空直接俯衝飛行下來，這樣的入住方式簡直是酷斃了。雖然我們還是沒有膽量嘗試，但這第一印象已經讓人感覺感受到這間酒店的特別，而入住體驗自然也相當不凡了。

見面禮 歡迎帶著冒險心而來

還在想究竟還要坐多久的車才可以抵達酒店時，導覽員已經將車子停在一座險峻高大的山面前，然後回頭告訴我們：「坐穩了，酒店就在山的後面。」四輪傳動的車這時候發揮了功能，強勁馬力滾動著輪胎，揚起了陣陣黃沙，毫不猶豫地衝向了崎嶇陡峭的山壁，就在我們不斷驚呼的同時，已經抵達了1,300公尺高的山頂端，遼闊的藍天和阿曼灣的海洋，就在不遠處以無邊的方式伸展著臂膀，有一種被天地擁簇著的幸福感。

導覽員邀我們下車，睜大眼睛俯瞰這位於山腳下的酒店與美麗的海洋原色，一路上的辛苦完全就是為了這片美景，心中湧起「不虛此行」的讚嘆。接著俯衝而下，我們在驚呼

友善在地的六善酒店

Six Senses六善酒店是以環保聞名的頂級度假酒店集團，用不突兀的外觀融入在地建築，用友善的方式尊重當地文化，也常常幫助或提供酒店周遭較為落後地方的資源、教育，甚至保障就業。這處位於阿曼王國的酒店外觀與村落相融合，附近碰到的山羊也是鄰村人家所眷養，自然風格洋溢。山羊們似乎都有特殊技藝，爬山又爬樹，遇到人也不太害怕，自在的、像是衛兵似的在酒店外巡視走動。

因為地理位置的敏感，酒店前方是具有合格警察身分的保全人員駐守，一個班大約2~3位，憑添了一些緊張氛圍；但是一旦進入酒店大廳，與自然融合在一起的竹編窗簾，流洩而下的陽光，都讓人感到非常放鬆，也從內心油然升起了安心感。

酒店傳達的美感非常特殊，用極簡的天然石材傳遞著優雅又時尚的品味，在簡單與奢華中取得完美平衡，恰到好處，讓人對酒店的設計與佈置感到佩服。像是大廳一角擺放的裝置藝術、轉角處堆放的石砌藝術等，像是隨興地佈置卻有獨到的意義。光是欣賞這些藝術品，就已經覺得目不暇給了，而這裡雖然名聲響亮、房間常常客滿，但入住後卻絲毫沒有擁擠感，房客似乎都躲在房間裡享受生活。也因為每個房間都有距離，讓每個房客能保有想要的寧靜。

山頂餐廳　像鷹一樣擁抱海灣

遺世獨立的酒店，房客通常會選擇在酒店裡用餐。在餐飲服務上，Six Senses Zighy Bay的服務非常好，每間別墅都會安排管家來照料，房客可以選擇在客房不被任何人打擾的用餐，也可以選擇提供阿拉伯美食的主餐廳（SPICE MARKET）、在地遊牧民族美食的預約餐廳（SHUA SHACK），或是享用簡便午餐或下午茶的輕食餐廳（SUMMER HOUSE）、酒吧（ZIGHY BAR），還有一處酒窖餐廳（WINE CELLAR），可以在美酒環繞下享用美食大餐。選擇非常豐富多元，餐食品質很有水準，吃了8天下來也不覺得厭倦。

不過這些餐廳都沒有酒店所屬的景觀山頂餐廳（SENSE ON THE EDGE）來的吸引人。在此用餐需先預約，用餐前會在酒店人員帶領下搭乘四輪傳動車前往。這間坐落在岩石峭壁山頂上的餐廳，擁有坐看阿曼灣的美麗景觀，靜謐的空間只有風聲與美景，彷彿蒼茫天地間只有兩人依偎，十足的浪漫情懷。供餐以套餐型式呈現，菜色以阿拉伯料理為主，搭配著各式各樣的葡萄酒，是讓戀情快速加溫的好選擇。

與生態共舞的美感世界

為了展現對環保的重視，這裡的房間與當地建築一致，選用天然石材和木材搭建而成，以阿曼式的避暑洞穴隔絕了外頭沙漠的高溫，入住時即使不開冷氣，也可以感受到室內的涼爽，挑高的吊扇、以亮麗的中東布飾裝飾的客廳、起居室，都讓人體驗到濃郁的異國風情。

我們選擇的房型是景觀最好的泳池別墅。以高大的卵石牆隔開外面的世界，擁有極高的私密性；每個房間都非常寬敞，還配上美麗的花園、戶外用餐區和寬敞泳池，光是在房間裡玩耍走動，就忘了時間的流逝。而酒店人員對親子的服務態度非常良好，不論房客有任何需求，像是嬰兒床、嬰兒食物、尿布、洗澡盆等，都會準備妥當，不讓旅客煩心。

每天晨起，我們會以散步的方式展開這精采的一天。沙漠裡的日出極度讓人驚豔，透度極高的靜謐天空、斗大的橘色太陽就在地平線上冉冉升起，一寸寸地推開了藍色的布幕，光度在天空畫出一圈圈的範圍後，白天送走了黑夜；這樣的景觀天天上演，怎樣也看不膩。

因為占地廣大，每個房間配備有寫上名字的腳踏車，方便房客騎乘單車穿梭瀏覽整個度假村的風光。或許是因為常常帶著小公主出國的緣故，小公主對各種膚色、種族的人種都不會感到陌生，總是很願意伸出手、熱誠地與對方交朋友，即使是動物，她也保有主動和善的態度；所以不論去到那裏，她總是受到歡迎的閃亮焦點。小公主已經很習慣羊群的存在，總是主動想去親近，每天玩沙、看動物，玩得不亦樂乎。

為了可以讓我們的旅程更輕鬆，在入住前就預訂了酒店親子俱樂部裡的貼身保母，可以在白天照顧、帶領著小公主並安排課程，建議帶小孩的父母親這麼做，讓夫妻倆可以擁有愉快的度假時光。此間酒店的保母為非裔，她對小公主非常有耐心，即使兩人語言不通，但卻一見如故，很快就混熟成為了好朋友，小公主會玩球就是由她所教導。保母

還帶著她前往海邊遊玩、玩沙，看到小公主想要抓海浪的模樣太有趣，逗得保母哈哈大笑。兩個人因為感情太好，要離開酒店時小公主和保母都不禁真情流露而落淚，感受到人性相處與交流的可貴。

因為酒店有如此貼心的保姆服務，所以在入住期間，小孩能得到完善的照料，大人也才可以悠閒地享用酒店設備、感受度假生活，自然也成為很多情侶度假的首選。而我在入住的這些天得到了上天給我的一份厚禮－肚子裡的小王子，就是在這裡懷上的，因此可以說是這裡讓我的家圓滿，於是對此間酒店更是充滿情感了。

與最愛的先生相約，以後無論如何一定要找時間帶小王子前來，讓他知道這裡就是他生命孕育的起點，在這樣的美景擁簇而生，一定將是個幸運又快樂的孩子啊。

Six Senses Zighy Bay
志加灣六感酒店

客房數量：82間
房價：每晚NT$17,000元~330,000元
地址：P.O. Box 212 Dibba-Musandam, PC 800 Oman
電話：+968 2673 5555
網址：www.sixsenses.com/resorts/zighy-bay/destination

酒店介紹和前往的路線安排

由於Six Senses Zighy Bay位於阿曼的Musandam半島，是被阿拉伯聯合大公國隔開的省份，從阿曼首都Muscat馬斯喀特前往，必須搭乘一段國內線且距離較遠，建議由阿拉伯首都杜拜拉車前往比較方便，車程大約兩小時。只是有途經兩國的問題，需在陸上通過邊境海關。

以生態環保、在地共生中展現低調奢華感的志加灣六感酒店坐落在群山環繞、非常隱密的阿曼鄉野。擁有全長1.6公里的私人海灘，提供著帶私人游泳池和Six Senses Spa設施的豪華別墅和帶摩洛哥風格浴池的綜合SPA、網球場和健身中心，是來自各國重視隱私的政商名流的最愛。

每個房間都以別墅的形式呈現，外觀為傳統的阿曼建築特色，裡面現代化的設備則是應有盡有，像是平板電視、家庭電影院系統和池畔用餐區等。部分別墅還設有酒窖和私人按摩室，高檔設備可見一斑。

酒店所屬的Sense on the Edge餐廳海拔高達293公尺，坐擁阿曼灣（Gulf of Oman）360度的全景，提供具在地風味的現代美食，是房客們最不會錯過的浪漫景觀餐廳首選；而Zighy酒吧則擁有休閒放鬆的氣氛，是房客享用輕食的好選擇。來到這裡除了可以在房間裡休憩，酒店也提供許多活動供房客選擇，像是浮潛、水上活動、黃昏巡遊和烹飪課程等等，讓房客在悠閒的時光裡隨性而為。

攜帶幼兒前往沙漠區的穿著與注意事項

沙漠中的溫差非常大，即使我們前往的時候是涼季，白天高溫時可能高達40度、夜晚則降溫至10多度；因此在寶寶前往的衣著搭配上就格外重要。在沙漠中最好以洋蔥式的穿著來做增添，裡面短袖，天冷時再一一加上衣物。而阿拉伯人喜愛穿的罩袍，其實就具備了防曬的功能，我們也買了讓小孩和自己體驗，感受不一樣國度的穿著文化，也是非常有意思的呢。

中東富饒之境。
阿拉伯
聯合大公國

The United Arab Emirates

阿曼

Banyan Tree Ras Al Khaimah
Banyan Tree Al Wadi

卡達

Jumeirah Mina A'Salam   杜拜

波斯灣

One & Only the Palm

阿布達比

沙烏地
阿拉伯

亞洲

非洲

阿拉伯
聯合大公國

阿曼

位於波斯灣旁的阿拉伯聯合大公國，
是由阿布達比、杜拜、沙迦等
七個酋長國所聯合組合的邦聯國家，
首都就是阿布達比，遍佈沙漠卻也盛產石油，
成為其中最富有的一個酋長國。

即使是回教國家，
然而阿拉伯聯合大公國依舊在阿布達比和杜拜
為觀光客打造了綠意天堂的度假勝地。
重金打造出華麗酒店、寬敞街道和花草扶疏公園，
集結了所有意想不到的奢侈建設，
讓這些城市猶如萬花筒般的讓人目眩神迷，
來這裡體驗不一樣的中東，
過過當貴族的癮。

Jumeirah Mina A'Salam
眺望杜拜天堂的絕美之旅

Jumeirah Mina A'Salam是朱美拉古城酒店之一，
與著名的帆船酒店（Burj Al Arab）同屬朱美拉酒店管理集團（Jumeirah Group），
是杜拜酋長的私人物業。
地處波斯灣海濱，景色宜人，可遠眺帆船酒店美景，
酒店建築充滿阿拉伯風情，並有運河貫穿其中，
是造訪杜拜必遊的觀光聖地。

住宿時間：3 天 2 夜　　小公主成長日記：1 歲 1 個月

度假評鑑成績單　隱密性★★★★☆　親子性★★★★★　悠閒性★★★★☆　住宿舒適度★★★★★　餐飲豐富度★★★★★

次我們帶著小公主來到杜拜，決定入住位於朱美拉古城的米納·薩拉姆酒店（MINA A'SALAM）。選擇這裡住宿的主要原因是它是家庭度假酒店，而且是朱美拉古城的門戶起點，不論到哪都方便。

一生必來一次的門戶酒店

朱美拉古城（Madinat Jumeirah）是帆船酒店附近的古式建築群，完全依照阿拉伯傳統設計而成，具有古典城堡風格。朱美拉古城占地約45萬平方公尺，高低錯落的建築被靈活巧妙的穿插組合，並以長度約4公里的水路運河彼此串連，形成一幅美麗的圖畫。在這座古城裡，不僅保有傳統阿拉伯式建築，裡面還有紀念品店、餐廳、購物中心、水上樂園、水煙館、運河，以及人工湖，無論是氣氛或環境都適切地營造出異國情調。

我們下榻的這間Mina A'Salam是古城裡的門戶酒店，運河河渠和行人走道都以這裡為起點，伸展至各個角落。Mina A'Salam的正面看起來極為氣派，外牆則呈現出一種沙漠土屋

的質感，豪華中又不失當地的風情。從房間的窗戶望出去，世界最奢華的帆船酒店就在眼前，那個震撼真的是無法用言語來形容。我覺得光是這個景就很值得造訪，也難怪這裡會被譽為"一生一定要來一次"的度假聖地。

朱美拉酒店城　大到逛不完

在杜拜停留期間，可以強烈感受到阿拉伯聯合大公國發展觀光的企圖心。我們帶著小公主在朱美拉古城裡到處逛，卻覺得這裡大到怎麼逛也逛不完。酒店就像一個城鎮，傾國家之力打造出一個豪華的酒店城，對身處臺灣的我們，實在很難想像這個"國家品牌"的觀光訴求是「數大便是美」，讓來自世界各國的遊客看到「我這裡什麼都有，什麼都最大，因為這是王國自己發展的品牌，所以你來一定要來我這邊住」。真是豪氣的讓人嘆為觀止。

我們住的酒店Mina A'Salam是酒店群其中之一，針對不同消費能力的客群，都可以在這裡找到適合的酒店。同屬朱美拉集團的酒店

住客，共享沙灘以及水上遊樂設施，聯合起來的酒店規模媲美美國的拉斯維加斯。

朱美拉古城和一般的連鎖酒店真的非常不同。一踏進這裡，馬上就會感受到強烈的中東風情，哪怕是一草一木都經過精心設計。只要你願意，不論是到運河邊搭船或是沿著沙灘漫步，隨時都能享受到天堂般的夢幻美景。

如果覺得戶外的陽光太過炎熱，城裡面到處都是各式各樣的精品店、購物中心、傳統市集以及數十間美食餐廳、咖啡館、SPA水療中心等，不必曬太陽也能輕鬆悠閒的逛街。說起來不誇張，這裡真的什麼店都有，甚至有藥房，讓我可以從容的幫小公主買尿布。倘若想要採買阿拉伯傳統服飾、波斯地毯、紀念品等，古城裡的傳統市集一定不會讓你失望，絕對能讓你滿載而歸。

陽光沙灘交織的水上娛樂

酒店外頭有一片潔白沙灘，每天的清晨都有許多人在沙灘上運動、散步或曬太陽。這個沙

灘非常長，一直往鄰近的酒店延伸，每一間酒店的住客都可以前往。住在這邊最棒的事就是漫步在沙灘上，近距離欣賞帆船酒店和波斯灣的美景。尤其是這邊的陽光，和煦的光芒讓心情變得很好，和臺北濕熱的天氣截然不同。我覺得曬太陽對健康很好，所以也不怕小公主曬黑，每天帶著小公主在沙灘上散步，這裡的沙細緻好走，走上一長段都不會累。

除了漫步沙灘上，鄰近的朱美拉海灘酒店（Jumeirah Beach Hotel）也提供刺激的水上娛樂，包括潛水中心、五個游泳池、辛巴達兒童俱樂部、The Hub青少年俱樂部，以及住客可免費無限暢遊的瘋狂維迪水上樂園等。無論大人小孩都可以在這裡盡情體驗水上活動的樂趣。朱美拉古城不愧是度假聖地，能夠全方位滿足不同年齡的需求，難怪每年都能吸引無數的觀光客來這裡度假。這裡也真的適合親子，像我們帶著小公主在這裡玩了幾天還意猶未盡，覺得不夠呢！

細心週到的服務

在朱美拉古城除了體會到「大」，還能感受到他們對於細節的用心與對遊客的呵護，名聲不僅是靠撒錢。舉例來說，酒店屋頂上方有個叫做的「風塔」（Wind Tower）的設計，傳承自古人智慧，原因在於沙漠氣候滯悶難受，透過設立於高處的風塔，可以將風導入建築內部，讓屋內空氣對流而降溫，如此一來，天氣再熱也不會讓人悶得受不了。

另一件讓我印象深刻的事情是貼心的待客之道。某天我們帶小公主坐船去逛酒店城的購物中心，入口設計由山洞進入，裡面完全像古時的阿拉伯市集，彷彿置身在阿里巴巴的世界，非常好玩。逛完出來時，我們在購物中心外等待水上計程車，所有的人都安靜認份地排隊，此時看見工作人員抱著一箱瓶裝水，分發給每位等待的客人，還邊說辛苦了。原來，服務都可以做到如此用心。

這裡除了波斯灣的海水是自然的之外，腳踩的土地都是填海所造，更不用說酒店建築、花費重金移植的棕櫚樹、潔白的沙灘、運河、人工湖以及大大小小的商店全都是人工打造。雖然都是人工的，但無損於它的美。朱美拉的整體設計讓人覺得很舒服，和週邊

環境是融合的，不會因為都是人工造出而看起來虛假，就像我們站在沙灘上欣賞帆船酒店，無論從哪個角度欣賞都很美。一個荒蕪的地方能改造成這個規模真的很厲害。

我仍然記得小公主在回酒店的船上玩得很開心，因為開船的人親切又風趣，所以一路上小公主的笑聲不斷。就這樣我們帶著滿船的歡笑聲，為這次的杜拜之旅畫下完美句點。

Jumeirah Mina A'Salam
朱美拉米納薩拉姆酒店

客房數量：292間
房價：每晚NT$14,000元起
地址：Madinat Jumeirah, Al Sufouh Rd - Dubai
電話：+971 4 366 8888
網址：www.jumeirah.com/en/hotels-resorts/dubai/
madinat-jumeirah/mina-a-salam/

Banyan Tree Al Wadi
幻色沙漠　奢華帳棚生態旅店

走訪阿拉伯，除了感受濃郁的中東文化風情，
更應該入境隨俗地感受在沙漠裡的生活溫度與氣息。
Banyan Tree Al Wadi揭開了沙漠的面紗，
讓人對這裡的風土生態，有了更深層的體驗與感受。

住宿時間：7 天 6 夜　　**小公主成長日記：**1 歲 1 個月

度假評鑑成績單　娛樂性★★☆☆☆　親子性★★☆☆☆　悠閒性★★★☆☆　住宿舒適度★★★★☆　餐飲豐富度★★☆☆☆

在阿曼王國的旅程讓我對回教文化有了更多的認識與喜愛，包裹在層層蓋頭裡的善良的眼睛與靈魂，讓我知道其實只要以誠相待，對方也會以同樣的態度回應，不會因為國別、外在或衣著的改變，就降低人與人之間的信任。

在阿曼買了一件回教長袍，到了阿拉伯聯合大公國時很想要換上，就是希望可以體驗實際在沙漠中穿著長袍的感覺；當地的日常衣服其實很便宜，一套不到1,000元台幣，色系以黑色與白色為主；男生頭蓋的色系也很單純、變化不算多。儘管先生只有在當地穿過一次，但是體會卻很深刻。

體驗帳篷旅宿的神祕風情

坐落於占地100公頃的阿拉伯聯合大公園特有種喬木Ghof（牧豆樹）保護區裡的Banyan Tree Al Wadi艾瓦迪悅榕庄，擁有一座18洞的高爾夫球場、韻律操室、健身房、兒童俱樂部等設備，是極具口碑的豪華度假村。

車子帶著我們穿越了有著滾滾黃沙的沙漠，終於來到了Banyan Tree Al Wadi的門口。一抵達，門口非洲裔的接待人員立刻親切的抱起了我的寶貝，小公主也很高興能交到這位新朋友，一直開心地瞇著眼睛笑著，接待人員這麼一抱就一直抱著，讓我們有餘力去處理登記住宿的流程，直到我們完成所有的入住手續，才把笑開懷的小公主還到我們手中，這樣的親切服務態度讓我們一家人對這酒店的第一印象都好極了。

酒店所有的房型均為別墅型態，除了阿拉伯風格的泳池別墅，最受歡迎的還是我們所選擇的AL KHAIMAH TENTED POOL VILLA – KING帳篷房型別墅。長形弧狀的帳篷流露出濃濃的中東風情，傳統的阿拉伯式華麗裝潢，有著高聳的天花板和複雜的花卉圖案；每幢都配有寬大的步入式衣櫃與奢華的柔軟座椅沙發，頗有皇宮貴族的品味格局，讓人一進入

房間就能感受到這間酒店的獨特品味。名家設計的浴缸、四面環景的寢室、房客獨享的後院私人游池、散發著光芒的紗窗布簾等，在在顯示這家酒店對細節上的重視。

在隱私上，每間別墅均相隔甚遠，且帳篷外綠樹環繞，他人要想窺探並不容易，戶外除了偶而路過的動物足跡，幾乎看不見任何屬於人類的，因此即使是裸泳，也不會被看見，住宿期間格外安心。這樣的房型設計格局，呈現的是中東人注重隱私的一面，也意味著來這裡住宿、懂得享受生活的房客，其實在房間裡的活動空間就已足夠。而大部分的餐飲，也可以客房服務的方式解決。因為占地廣大，要前往酒店大廳或餐廳用餐需要呼叫酒店以電動車接駁前往，不能操之過急，也讓度假的腳步整個放緩，充分感受在沙漠裡生活的一切。

酒店內共有7處不同型態提供飲食或輕食的酒吧與餐廳。Safron Tower是一處重現中東古早瞭望台的特殊餐廳，完美的景觀布置，深受到許多歐美客的喜愛；Al Waha餐廳設有俯瞰著沙丘的落地窗，房客可以在Al Waha酒店的戶外露台上品嚐烤肉等燒烤美食；還有一處Moon Bar屋頂酒吧，提供給房客獨特的沙漠全景，在這裡可以自在地抽著中東水煙，或啜飲一杯醇酒或咖啡，愜意無比。

而入住期間，更可以體會阿拉伯族群對隱私與禮節的重視，比起西方人的教養可是一點兒也不遜色。

很多住客是阿拉伯當地的有錢人，有時候會在餐廳遇見裹得只露出美麗雙眼的回教貴族女性，優雅地以頭巾布遮住喝著湯的嘴巴，即使在我們眼裏覺得這樣的生活方式很辛苦。入住的男生幾乎都很紳士，會禮讓女性也會為女生拉椅扶持，原來中東人並非全是大男人，這讓我們對阿拉伯人有了更深的認識與良好的印象。

駱駝騎乘　與滾燙氣溫的對抗

沙漠白天飆高的氣溫卻不容我們忽視身處在沙漠境地的事實，尤其是正午時分，溫度常常飆高至40度以上，清晨與夜晚驟降的氣溫，也必須穿上外套才可以保暖，發燙的沙在夜晚變成冰涼，沙漠氣溫的強烈溫差，告訴我們這個國家地理位置的不同，沙漠裡的生態動物與植物也非常的不一樣。

來到重視保育在地生態環境的Banyan Tree Al Wadi，最該珍惜的是就是與沙漠動物的接觸機會。酒店本身就養育著幾隻供房客騎乘的駱駝，房客在入住後可以先行預約，接著在酒店安排下體驗在沙漠中騎乘駱駝的樂趣。值得一提的是對於親子家族，酒店提供很好的兒童俱樂部活動，小小孩可以在專業保母的照顧下，讓大人安心地享受自己的時間。

酒店幫我規劃的騎乘時間為早上九點，然而因為想要睡飽一點，於是提議改為十點出發，看見酒店人員面有難色，我還不以為意；直到隔天的騎乘預約時間一到，踏出房門感受到戶外的炎熱溫度，才發現原來自己擅自更改時間是錯誤的，應該聽取酒店給予的建議才是，但還是硬著頭皮去試試看。戴上口罩的駱駝有著大大的、留著長長睫毛的雙眼，模

樣十分可愛。口罩的目的是為了讓駱駝能夠聽訓練師的話乖乖行走，不然牠們看到路旁新鮮嫩草的誘惑，可能就會忘記了目的而趕著去吃草，讓客人曬更多的太陽。

10點的陽光比想像中更具有殺傷力，坐上駱駝沒多久立刻感覺到頭昏，身體的水分逐漸喪失，好在陪著我們一起行走的酒店的訓練師很有經驗，不時遞給我水壺補充水分。這25分鐘的駱駝體驗，在我不敵豔陽加速身體水分流失的狀況下，宣告結束；然而就是這樣的特殊體驗，讓我感受到在沙漠生活的艱辛。

動物環繞　拉近與自然的距離

以盡量不破壞在地環境而設計的Banyan Tree Al Wadi，深深以周遭擁有豐富的自然生態而自豪，只要是入住的房客，都能感覺到這附近的確可以遇見非常多的生物，成為住宿期間的意外驚喜。

沿著酒店的步道上散步，就有機會遇見附近的動物。有一天我們在酒店人員陪伴下前往酒店外的湖泊，立刻就遇見圍著湖泊喝水的大批羚羊，彼此之間保持距離友善互望。尤其在那麼寧靜的沙漠湖畔，靈動的眼睛直接打動了內心，感覺上那一瞬間人與動物的心靈是可以體諒與互通的；對於動物，我們常常以人的思考角度來看，其實牠們既單純又友善，給予彼此生存的空間，當朋友也未嘗不行。湖邊奇遇，改變了我對動物的想法。

酒店裡還有另一項付費行程，是參觀飼養員的保育行動－獵鷹甲板體驗Falconry Deck。這個專屬於酒店的禽類培育區，主要保育沙漠中各式的珍奇鳥類，包含阿拉伯的國寶－老鷹、貓頭鷹、隼等，遊客可以近距離觀察這些鳥類，也有機會參與飼養員的訓練計劃，當一天的猛禽訓練師。我雖然戴上防抓傷的手套，但仍可以感受到老鷹兇猛有力的爪

子，銳利的眼神、雄赳赳的站立英姿，難怪可以成為鳥中之王，讓人忍不住地屏息。

這樣一次的沙漠住宿體驗，讓身為東方人的我們感受極為深刻，不同的文化都是一種歷史的累積，應該給予尊重，也希望小公主在走訪過這些地方後，可以明白世界上存在許多不同的人種、生活方式與環境，不需要自大，對每種生活都給予理解的心情。人應該像個海綿，懂得吸取與收納，心也就可以更寬廣。

Banyan Tree Al Wadi
艾瓦迪悅榕庄

客房數量：101間
房價：每晚NT$15,000元~30,000元
地址：P.O. Box 35288 Al Mazraa Ras Al Khaimah
　　　United Arab Emirates
電話：+971 7 206 7777
網址：www.ritzcarlton.com

※ Banyan Tree Al Wadi 改名Al Wadi Desert，營業中。預計2017年6月起更名為 The Ritz-Carlton Ras Al Khaimah Al Wadi Desert

Bayan tree Ras Al Khaimah Beach

沙漠海角　遠離塵囂的寧靜

Bayan tree Ras Al Khaimah Beach是悅榕庄連鎖酒店旗下之一，
阿拉伯式的風情建築不同的人文風，特別的環境舒適宜人，
來到這裡享受心靈的洗滌，學習看待自己內心的平靜與自己對話，
面對無限寬廣的阿拉伯灣，蔚藍海洋及金色耀眼的太陽，輝映著黃沙點點的沙漠旅人，
不同的旅遊感受讓人深深著迷。

住宿時間：4 天 3 夜　　小公主成長日記：1 歲 1 個月

度假評鑑成績單　隱密性★★★★★　親子性★★☆☆☆　悠閒性★★★☆☆　住宿舒適度★★★☆☆　餐飲豐富度★★☆☆☆

Bayan Tree Ras Al Khaimah Beach是一個既可以欣賞到海灘美景，又擁有沙漠奇特景緻的度假村，旅遊世界各地看過不同的夕陽美景，雖然同樣是夕陽，但是每一次的觀看都有著不同的感受，夕陽的變化映襯出內心的起伏，剎那間會覺得人生何其幸運、滿足、完美。要說那裡的夕陽讓我如此著迷，帶給心靈的寧靜與悸動，Bayan Tree Ras Al Khaimah Beach絕對就是其中的一處，每天都可以靜靜地望著太陽餘暉，享受令人難以忘懷的片刻，多層次的飽滿天空和潔淨無瑕的純藍色澤，是可以直達內心深處甚至靈魂的感動。

顛覆印象的阿拉伯

阿拉伯世界對於東方的我們，想到的就是神秘奇幻的阿里巴巴、經典的故事一千零一夜還有綿延不斷的沙漠、可貴的綠洲、駄著貨物的駱駝及特別的服飾裝扮。伊斯蘭教－世界三大宗教之一，先知穆罕默德倡導和平、博愛、團結，可蘭經是伊斯蘭教生活的準

則，隨處可見高大雄偉的清真寺禮拜堂，他們有著堅貞虔誠的宗教信仰。

阿拉伯民族大多穿著傳統的服飾，但是經過西方社會的影響，少部分的阿拉伯民族也開始穿著西化，婦女的穿著也有改變，有趣的是不管裡面服裝如何西化現代，但外面一樣罩著黑袍的奇特現象。

別出心裁的生活體驗

位在阿拉伯灣的Bayan tree Ras Al Khaimah Beach環境十分隱密又安靜，每間客房都可以看見藍天碧海，傍晚時分也可以靜靜的看著落日。走出酒店有乾淨細白的私人沙灘，柔軟又舒服，不管何時都能享受一個人的寧靜或情侶的呢喃細語。帶著孩子的父母也不用擔心，除了沙灘可以讓他們盡情玩耍奔跑、堆沙堡，還有安全又舒適的玩具室，不論戶外、室內都有很多設施，小公主也在這裡盡情的遊戲和奔跑。酒店雖然位在沙漠，周圍卻都是綠意盎然高

大的棕櫚樹，這樣沙漠和海邊共存的風景，絕對是這裡所獨有。

這裡的阿拉伯風格房間也是獨一無二的，像帳篷般高挑的建築設計讓度假風格顯得隨性而不拘謹，空間通透舒適。不要以為帳篷酒店裡面會簡陋，房間裡的各種設施十分現代化，白色窗紗下的裝潢奢華又精緻，配色也典雅不俗，搭配上白色的沙發非常時尚，而酒店裡也可以從許多小細節看見款待旅客的用心，精挑細選的小擺飾、花藝與香氛用品的巧妙使用，都讓在這裡的度假有與眾不同的感受，的確維持了品牌的水準。

戶外體驗也是悅榕莊集團酒店很大的特色，想要體驗正宗的阿拉伯民族生活走在無邊際一層層黃波浪的沙漠，或在熱情沙漠上狂飆吉普車，又或是想像自己是古代阿拉伯商隊騎著駱駝去旅行，另外還有大人小孩都合適的自然公園探訪奇珍異獸，房客們都可以選擇自己適合喜歡的活動。

享受生活的自在

度假最大的樂趣就是享受親子生活，看著我的小公主在海灘上跑來跑去，小臉被太陽曬得紅通通的，小手不停揮動手上的玩具，偶爾停

下來回頭張望對我微笑，背後映襯的是美麗的彩霞，溫暖的光芒就像她溫暖的笑容，照得我心裡暖呼呼的，那種幸福感無所替代，這樣的美好，圓滿了我的內心。

旅遊中我觀察孩子的成長，從她牙牙學語探索新世界，隨遇而安跟著我們上山下海，臉上總掛著甜甜的笑容，無時無刻都笑嘻嘻的，哇哇哇咯咯咯的叫著笑著，面對旅行中的陌生人，總能開心的面對，快樂又樂觀的她沒有什麼事是困難的，勇往直前，感染了她的純真，每一次都是很棒很棒的旅行。

Bayan tree Ras Al Khaimah Beach
哈伊馬角海灘悦榕庄

客房數量：32間
房價：每晚NT$14,000元起
地址：Al Jazirah Al Hamra, P.O. Box 35288,Ras Al
　　　Khaimah, United Arab Emirates
電話：+971 7 206 7777
網址：www.ritzcarlton.com

※ Banyan Tree Ras Al Khaimah改名Al Harma
　 Village，目前正在整修擴建中。預計2017年6
　 月起更名為 The Ritz-Carlton Ras Al Khaimah Al
　 Hamra Beach擴大營業開幕。

住宿時間：4 天 3 夜　　小公主成長日記：1 歲 1 個月

度假評鑑成績單　隱密性★★★★★　親子性★★★★☆　悠閒性★★★★☆　住宿舒適度★★★★★　餐飲豐富度★★★★☆

One and Only The Palm

奢華尊榮的皇家級體驗

One and Only The Palm是隸屬One and Only度假酒店集團旗下，
也是該集團在杜拜頗具知名度的大型豪華度假村。
One and Only所屬酒店皆以海岸美景著稱，而此間正好座落在美麗的波斯灣旁，
就位於杜拜的奇蹟人工島－棕櫚島（Palm Island），絕色美景一覽無遺。

停留杜拜期間，我們帶著小公主到另一家位於朱美拉古城附近，以精緻奢華著稱的One and Only The Plam。One&Only和棕櫚島上的亞特蘭提斯（Atlantis）及Mazagan這三個酒店品牌，都源自於柯茲納國際－一家兼具度假、娛樂與奢華於一體的酒店開發及營運公司。而此間度假村正是One&Only位在杜拜人工奇蹟島棕櫚島上的知名度假村。

號稱為人類第八大奇蹟工程的棕櫚島，是聞名世界的填海計劃建造而成。杜拜在90年代面臨了沙灘沒有土地開發的窘境，於是開展了這項填海工程，由於波斯灣的海水很淺，所以可以完成這項創舉。島上聚集了眾多豪華別墅和高檔飯店，One and Only The Plam就是其中一間。

富麗堂皇與備受尊榮

先前在杜拜我們已經體驗過不同酒店，感受過不同氛圍，接著我們想要帶小公主到另一間阿拉伯風格的度假村，繼續體驗在地生活。One&Only的定位是走奢華路線服務頂級高消費群，所有的房型與設備，包含建築外觀與內部裝潢無不美侖美奐，華麗氣派。

我們一來到酒店就被大廳所震撼，它的大廳用「富麗堂皇」來形容一點都不為過，大型水晶燈在燈光襯托下光芒璀璨，耀眼奪目。而大廳裡的擺設、傢俱也都呈現華麗的巴洛克風格，氣派盡顯；接待人員個個都親切有禮且外貌姣好。我覺得此時此刻自己彷彿化身為公主，因為這裡真的給人一種來到皇宮的錯覺，一切是那麼的豪華貴氣。相信不只我們一家人，應該是所有踏入這裡的住客都會有同樣備受尊榮的感受。

然後我們發現酒店因為要給住客充份隱私，房間樓層都配備獨立的電梯跟樓梯，方便住客快速出入。我們住的那一層就有獨立電梯，一出電梯則有四個房間。房間非常寬敞、舒適，走華麗古典風，還附一個小陽台，讓你能站在陽台直接欣賞波斯灣的景色。我們很喜歡遠眺波斯灣，因為不只有沙

灘景觀，連對面棕櫚島的酒店與豪宅都看得一清二楚。在杜拜期間我們透過不同角度看棕櫚島，有時真的很佩服這個國家，能夠以人工的力量把這裡建設的這麼好，真的是令人嘆為觀止！

奢華享受和心靈富足

這間度假村最大的賣點就是無敵海景，所以沙灘上可以看到許多人在散步，也有一些附遮陽傘的躺椅供住客使用。除了沙灘，另一個人潮聚集的地方就是公共游泳池。泳池同樣走華麗路線，非常美。加上來這裡的住客大部分經濟能力不差，所以在泳池邊會看到穿著昂貴泳裝搭配珍珠大耳環，邊曬太陽喝飲料的女生，慵懶又自信的態度讓我也不禁一直盯著她看。也有帥氣的男生穿著黑色泳裝，戴顯眼的大項鍊在一旁看書。這種風景在其他酒店比較少見。

除了公共游泳池，此間飯店某些特別房型還擁有單獨的迷你游泳池。迷你游泳池附設在房間裡小小一個，最多容納兩個人泡澡，純粹是依偎用的，不能游泳，卻增添了住房的樂趣，並確保房客享樂的隱密，足見酒店的用心。

有一天我們在房間陽台吃早餐，沒想到竟然有九官鳥飛過來吃我們剩下的早餐，第一次看到鳥會自己飛進來室內找食物吃，小公主看到也興奮不已。雖然住宿一晚所費不貲，可是我知道我們是來體驗當地生活的，所有無形的感受都會留在記憶中、心裡面，並展現在生活上，是很充實的。

另外還有一件小事足以說明這間奢華酒店的貼心服務。我們在酒店裡認識了一個從中國來打工的女服務生。她的家庭背景很好，而且畢業於瑞士餐飲管理學校，來這邊工作主

要是來歷練吃苦。她人很親切有禮，和我們每天碰面聊天之下，彼此越來越熟稔。某天她和我先生聊天的時候得知他皮膚過敏，特地休假去市區幫先生買藥，真的是讓我們備受感動。

得體地展現國家之風

因為度假村出入的都是高消費族群，所以在穿著打扮上我也會注意。有一天在餐廳遇到一個家庭，兩個小女孩約莫4-6歲，全身穿著名牌衣服與洋裝，父母親身上也是當季最流行的潮牌服飾，僅一件T恤就要價約4、5萬，由此可知這裡的消費實力是多麼驚人。我每天都幫我家小公主打扮地漂漂亮亮，讓她穿洋裝開開心心的玩。

The Palm旁邊有一家非常出名的西餐廳。每天中午時分會有一些在附近工作的白領高階主管搭著遊艇過來用餐；有外籍人士也有當地人，個個西裝筆挺、穿著優雅。我為了到這家餐廳吃飯，特別選穿了具有中國風的紅色服裝，並化妝稍微打扮一下。在這種場所真的必須注意穿著，舉手投足要表現得很得體，展現良好的國民素質。

度假阿拉伯的時光很快就到尾聲，我們和小公主都玩得很開心。我還記得帶著小公主在沙灘上邊跑邊玩沙，每天跑步散步，陪著小公主度過剛開始學步的時光。我們懷著感謝的心帶著小公主踏上歸途，這趟旅程帶給我們的不只是如夢似幻的皇家尊榮體驗，還有一生都難以忘懷的甜蜜回憶。

很感謝老天爺讓我們有機會到世界不同的地方看到更多、體驗更多，旅途中夫妻心靈相通，享受自由自在的生活，尤其是和家人的相處時光，讓每趟旅程都無比滿足和幸福。

One and Only The Palm
杜拜棕櫚島豪華度假村

客房數量：451 間
房價：NT$45,000元起
地址：The Palm Jumeirah - Dubai
電話：+971 4 426 1099
網址：www.oneandonlyresorts.com/one-and-only-the-palm-dubai

幸福遇見
微笑國度。
泰國

THE PENINSULA

THE PENINSULA BANGKOK

T h a i l a n d

緬甸

寮國

Four Seasons Resort
Chiang Mai

Sukantara Cascade Resort & Spa

清邁

Shangri-la
Chiang Mai

Veranda Chiang Mai

Anantara
Chiang Mai Resort

Tamarind Village Chiang Mai

泰國

緬甸灣

Four Seasons Hotel Bangkok

The Peninsula Bangkok

曼谷

Anantara Riverside Bangkok Resort

芭達雅

柬埔寨

亞洲

非洲

泰國灣

Soneva Kiri, Koh Kood

渴望休憩的心靈不時出現，
那麼不妨前往不同語言、文化的泰國度假吧。
在首都曼谷，已經可以感受濃郁的南洋風情，
友善對待的人們、金碧輝煌的寺廟，
昭披耶河熙攘往來的船隻，都是這個國家的活力展現，
一如溫煦陽光散發的熱情。

走入清邁又是另一番鄉野風情，綿延稻田搭配青山綠水，
猶如走回舊時光的純真年代，找回了那個沒有煩憂的童年，
是我認為最美的世外桃源。
這裡的雨林生態、精采活動，搭配超高水準的度假酒店，
來這裡享受微笑、遇見幸福，也找回滿滿元氣的自己。

The Peninsula Bangkok
在曼谷的另一個家

每次來曼谷市區幾乎都會選擇住宿在The Peninsula Bangkok，
便利的免費接駁船交通、購物廣場、餐廳都在周遭，
加上有品質的服務，來住過就會有認同感，像是在曼谷的家一樣。

住宿時間：4 天 3 夜　　小公主成長日記：11 個月

度假評鑑成績單　隱密性★★☆☆☆　親子性★★☆☆☆　悠閒性★☆☆☆☆　住宿舒適度★★☆☆☆　餐飲豐富度★★☆☆☆

不論是旅遊或出差，泰國都是我最喜愛的國家之一，而每次到曼谷，多半就會入住半島酒店。The Peninsula Hotels酒店集團頗有歷史，最早是由出生於巴格達的嘉道理（Kadooric）家族，從孟買到香港後，不僅成立了香港第一家電力公司，也在1928年成立了第一家半島酒店，有「遠東貴婦」的稱號。以高品質的服務聞名，半島酒店曾經名列全球十大頂級酒店，對細節的要求讓來入住的房客都賓至如歸。

親切款待如家人

因為這次是由中東旅遊回來，路程較遠，所以選擇在曼谷停留。一進入酒店，所有的工作人員都面帶微笑地招呼，知道是常常前往的熟客，酒店經理立刻前來送小禮物給小公主，甚至還有SPA禮券，讓我可以消除旅途上的疲憊，房內每天都有報紙及新鮮水果供應，真是貼心。這次在旅途的回航班機上身體一直不太舒服，原本以為是暈機，後來才知道已經懷孕，在身體不適的狀態下，好在可以入住到像半島這樣舒適的酒店，讓我有回到家的感覺。

這間酒店的每個房間都面向昭披耶河，不管是晚上或白天景色都很棒；酒店更擁有自己的免費接駁渡船，可以送房客到湄南河對岸，那邊每晚都有熱鬧的夜市，瀏覽正統泰國風情。我們去的時間正好是聖誕節前後，那幾天河岸都會施放煙火秀。我們的房間在高樓層，有最佳角度可以看到完整的煙火演出，煙火綻放的高度就在房間的窗戶旁，既美麗又燦爛，小公主看到了高興地一直尖叫，我們度過了美好又印象深刻的夜晚。

因為是聖誕節，在酒店大廳裡也有舉辦晚會派對，房客們都來這裡聚集慶祝，小公主因此交到許多小小好朋友，大家一起聊天、寒暄，人之間沒有距離，展現最真誠一面。有時候旅遊的驚喜就來自和人之間的邂逅，住在半島酒店裡，真的會有這樣的感動。

The Peninsula Bangkok
曼谷半島酒店

客房數量：370間
房價：每晚NT$6,500元起
地址：333 Charoennakorn Road, Klongsan, Bangkok 10600, Thailand
電話：+66 2 020 2888
網址：bangkok.peninsula.com/en/default

Soneva Kiri, Koh Kood
在慢生活中體驗享樂意義

泰國第四大、人口卻稀少的島嶼－沽島（Koh Kood），
是一處遠離世俗、位於海上的私密秘境。
搭乘私人飛機前往島上唯美的度假村Soneva Kiri展開了尊貴又奢華的旅程。
它躲藏在茂密的熱帶叢林與細白沙灘之間，環境天然美麗到令人動容；
居住期間可以安然赤足，享受擺脫世俗干擾的純淨大自然。

住宿時間：8天7夜　　小公主成長日記：1歲3個月

度假評鑑成績單　隱密性★★★★★　親子性★★★★★　悠閒性★★★★★　住宿舒適度★★★★★　餐飲豐富度★★★★★

搭乘6人座、螺旋槳式的私人飛機和10分鐘的高速快艇之後，終於抵達了位於曼谷東南方海域上的Soneva Kiri。這個品牌酒店是我們很嚮往的一間，雖然前往的過程有點巔簸，加上因為當時懷孕不甚舒服，好在路途上有親切的管家一路陪伴，懸著的心總算放了下來。抵達酒店碼頭，所有酒店人員已經出列站成兩排，包含總經理、主管和員工們，對著我們揮手迎接。

「No news No shoes」的標語拿在員工手上，一上岸就提醒我們脫掉鞋子，用赤足感受這裡的土地，忘卻所有塵世裡的繁瑣雜務，放慢自己的步調，用感官來體驗這世界聞名的Soneva慢生活度假哲學。

以愛為名 奢華頂級

Soneva這個品牌有個浪漫的愛情故事。創始人Sonu Shivdasani是英國籍印度裔的富二代，在1986年時姊姊所舉辦的一場派對裡，邂逅了美麗的瑞典模特兒Eva Malmstrom，對她一見鍾情。在長時間的追求下，最後終於抱得了美人歸。成為愛侶的兩人喜歡旅遊，在一次前往馬爾地夫的旅程中，覺得以當地絕美的海景卻沒有與之相襯的住宿旅店而感到可惜，兩人在1995年索性買下馬爾地夫的一座小島打造成為酒店，並取Sonu與Eva之名合而為一成立了Soneva Fushi，這就是Soneva品牌的故事。

除了Soneva，他們還創建了另外一個讓人驚豔的品牌－六善集團（Six Senses），用慢生活（Slow Life）作為其度假村的中心哲學，傳遞這8個字母所隱含的8個度假關鍵－持續（Sustainbale）、在地的（Local）、有機（Organic）、健康（Wellness）、學習（Learning）、啟發（Inspiring）、趣味（Fun）、體驗（Experiences）等意涵。

雖然他們在2012年出售了六善品牌，但仍堅持保留最初也是最愛的品牌－Soneva。跨足酒店業後，Eva也成為Soneva的創意總監，度假村裡的設計和內裝，幾乎都出自於她的巧手布置。目前Soneva旗下共有三間度假村，其中兩間位於馬爾地夫外，在亞洲唯一的一間就是Soneva Kiri。

私人管家 貼心照護

度假村所在位置的暹羅灣沽島隸屬於泰國國家海洋保護區的一部分，當初設立度假村就格外強調完整保留在地原本的生態。因此度假村雖占地達150英畝，卻僅提供36棟Villa使用，每一棟的角度風景都不一樣，並且搭建屋舍的材質皆選用環保木材，展現出簡潔、質樸、明朗的統一風格。更難能可貴的是，這裡的建設在色調上也講究自然，完全融合於茂密雨林、椰影、白沙和大海間，超級隱密卻也

純淨如天堂。錯落有致的Villa就像是村莊，還配備有高爾夫球車，讓房客可以自在瀏覽。

Soneva Kiri的服務非常完美，從搭上快艇那一刻，私人管家就隨伺在旁，提供房客所有需要的服務，而且會把房客的遊覽日程、餐飲、嗜好、習慣等細心牢記，並安排妥當。如果有需要，只要打通電話管家就會出現；我們這次的管家是德國人，每次出現都一定笑容滿面，感覺到他由內心散發對這份工作的滿滿熱誠。

自然環保 重視親子

Soneva還有一個很大特點，就是很重視小孩，
這從酒店的有趣公共設施就可以看出端倪。

盤旋於叢林之上、造型猶如魔鬼魚的兒童俱
樂部The Den，展現出不滅的童心；就地取材
於當地的竹子，有機又環保，且編造出很多
不同造型奇特的空間任人穿梭，像是鳥巢式
屬於大小孩的秘密基地，還有騎馬打仗的各
種道具，不論什麼年齡的人，來到這裡絕對
會瘋狂尖叫。在這個空間裡大小房客和員工
一起光著腳丫子，回到最純真的童年。

俱樂部裡空間很大，足夠讓小朋友自由的跑跑

跳跳，也常舉行很多精彩活動，加上專業的度
假村人員隨時照看，讓家長們都放心。而這
裡的保母也不是一般保母，而是專業老師，所
以一下子就能掌握住小孩性格。小公主當時
才1歲多，斯里蘭卡籍的保母和她初見面時給
了她一張卡片，小公主接到後，立刻轉過身對
大家說嗨，然後快樂地舉起手來。保母的善
意對待讓小公主感受到了，所以我們非常喜歡
帶她來這裡，和保母開心地唱個歌謠、玩遊
戲，玩得非常愉快。

這裡受小朋友歡迎的還有露天電影院，自製
巧克力店、冰淇淋店以及高科技天文台等，
小朋友可以盡興在酒店四周揮灑活力，感受
玩樂的真義。

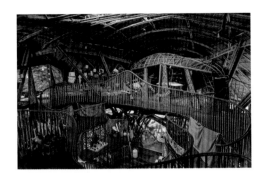

樹頂餐廳 一定要的體驗

這間酒店還有一間全世界獨一無二的樹屋餐廳（Tree Top Dining），絕對不能錯過。5米高的樹屋由藤條編織而成，造型猶如蠶繭，一次可以容納四人用餐。用餐前會緩緩降下，讓房客坐好定位後再緩緩升起，過程中會有一位專屬員工在旁服務，如果需要甚麼用具，就可以看他提著藤籃在空中滑行，輸送美味料裡。在這裡用餐不但可以俯瞰周遭樹冠景色，也享受完全的隱私，更滿足了天馬行空的奔放童心。

度假村中號稱全泰國最美味的餐廳Benz Restanrant則位於紅樹林裡，要品味的老饕必須搭乘快艇前往。由泰籍名廚Khun Benz打理、並以她名字命名的Benz餐廳是一座典型的泰式高腳屋，這裡的用餐氣氛寧靜又神秘。

她最拿手的泰式美食，以強調慢食主義精神來做為烹調概念，食材都取自於沽島或臨近象島出產的魚蝦鮮貨，用最新鮮、最原汁原味的方式呈現，雖然是無菜單式的家常小菜，卻令人回味無窮。

村莊裡的國際朋友

因為坐擁太平洋的無敵海景，這裡提供多樣的水上運動，可以隨著度假村裡的專業教練，揚帆出海，衝浪或者浮潛，探索幽藍無比的海洋。小公主年紀小，卻已經在這裡的沙灘玩得暢快無比。常常在這裡一待，就欣賞起在海平面緩緩下降的夕陽和雲彩。

在這裡度假和員工們感情好到像是家人。酒店為了讓員工和房客們彼此認識，也會2~3天舉辦一次海灘BBQ，大廚會用柴火及火炕烹調美食，並提供各種雞尾酒和飲料，所有房客彼此問候寒暄。那一天斯里蘭卡籍保母也特別換上傳統服飾來跟小公主打招呼，小公主抱著她久久不放；國際村的美好概念，在這個度假村裡被完美的實現。

Soneva Kiri, Koh Kood
泰國沽島索尼娃奇瑞度假村

客房數量：36間
房價：每間NT$60,000元起
地址：110 Moo 4, Koh Kood Sub-District, Koh Kood
　　　District, Trat 23000, Thailand
電話：+660-82208-8888
網址：www.soneva.com/soneva-kiri

Anantara Riverside Bangkok
喧鬧城市中的片刻寧靜

Anantara集團在泰國有許多酒店，
其中Anantara RiversideBangkok位於昭披耶河畔（Chao Phraya River），
擁有美麗的庭園造景、河畔風光一覽無遺，很適合親子同遊。

住宿時間：5 天 4 夜　　小公主成長日記：1 歲 3 個月

度假評鑑成績單　隱密性★★★☆　親子性★★☆☆☆　悠閒性★★★★☆　住宿舒適度★★★☆☆　餐飲豐富度☆☆☆☆☆

曼谷大家都喜歡住在市中心，而我卻喜歡選擇住河邊酒店Anantara Riverside，可以遠離塵囂又享受都市的便利感覺，這次是接近聖誕節前來，人潮多也熱鬧，除了使用酒店多樣的游泳池，加上酒店服務很貼心，讓人有回到家的感覺。從酒店搭船去昭披耶河旁最美麗的河濱夜市也很方便，河濱夜市地標摩天輪就矗立河畔邊，環境整齊乾淨，各國美食都在其中，好逛、好玩又好吃是值得一遊的夜市。

坐看昭披耶河日夜晨昏

這次選擇的房型有著180度的景觀陽台，寬廣的視野，將城市風景全數收納，日出、夕陽坐在房裡都能欣賞，也看見了曼谷這城市的另一面，夜晚來臨時燈火點點星光璀璨，這樣的景色就夠讓人沉浸在浪漫裡。

這樣的房間讓人不必出門，卻又能和曼谷這個城市互相呼應。拉開窗簾，映入眼簾的晨光裡有著清脆的鳥鳴，在耳畔如音樂響起。昭披耶河已經忙碌起來，熙來攘往的船隻，大的、小的穿梭於河上，一個城市開始悄悄進行，身為旅人的我也正在享受迎接這新的一天；站在陽台看著太陽慢慢升起，鳥叫聲外加入了喧鬧吵雜的汽車聲、人聲，像是了一場城市慢慢甦醒的戲劇。到了夜晚，河景又是另一番不同的風情，像個熱舞女郎，還在賣力演出，不時傳來對面酒吧的電音聲，熱鬧不已，混亂中夾雜有默契的秩序，正是曼谷令人難以忘懷的魅力。

酒店設備很舒適，游泳池每每到了下午就聚集了眾多大人、小孩，水療按摩紓解身體疲累，躺在枝葉扶疏搖曳生姿的美麗庭園中，身心開闊輕鬆自在，喜歡SPA的人也別錯過FITNESS CLUB，CLUB裡蒸氣室、烤箱、經典的泰式按摩等一應俱全，當然也有設備完善的健身房。

Anantara Riverside Bangkok
曼谷安納塔拉河畔酒店

客房數量：396間房（7層樓）
房價：每晚NT$8,000元起
地址：257/1-3 Charoennakorn Road, Thonburi, Bangkok 10600, Thailand
電話：+66 2 476 0022
網址：bangkok-riverside.anantara.com.cn/

Sukantara Cascade Resort & Spa
名人光環下的野趣度假村

保留原始森林樣貌的Sukantara度假村，是一個被大自然所包圍的家，
隨處可以看到鴨、鵝、孔雀小動物，無拘束地在四周遊逛，
自然而奔放的野味，適合喜愛擁抱大自然的旅客前來體驗或欣賞。

住宿時間：3天2夜　　小公主成長日記：1歲3個月

度假評鑑成績單　　隱密性★★★☆　　親子性☆☆☆☆☆　　悠閒性★★☆☆☆　　住宿舒適度☆☆☆☆☆　　餐飲豐富度☆☆☆☆☆

意義深遠的Sukantara

頂著名人安潔莉納裘莉曾經蒞臨的光環，我們也選擇了這家充滿野趣的度假村Sukantara，一進度假村給人的感覺，就像是個小村莊，組成的服務人員也像是一家人，雖然服務十分親切，但美中不足的就是語言溝通，服務人員大多不會講英文，溝通起來稍有難度，並不如我們想像的高級，倒是有一種民宿的味道。

Sukantara位於清邁近郊山上，還未到度假村就被四周的叢林景象吸引，一條很特別的小溪蜿蜒在度假村內，小屋則沿著溪流蓋，每一間都能傾聽潺潺流水，洗滌旅途中的疲憊放鬆身心，2004年創立的Sukantara原本是銀行高階主管私人宅第，原本打算退休後居住在此地，有感於好東西要與好朋友分享，因此將這裡改為度假村，並提供就業機會給當地居民，並與他們一起守護這片森林。值得一提的是，度假村裡的裝置擺設都是主人環遊世界各地收集的古董，每一件收藏背後都有精采故事，增添度假情趣。

美中不足的遺憾

雖然度假村有美麗的自然景觀，叢林繁茂、生態豐富，渾然天成，喜愛戶外活動的人可選擇來此度假，但在硬體的設施以及客房服務人員的訓練有待加強，整體感覺與美好的大自然有些落差，硬體設備偏老舊，維護的情形也不太好，所有的東西髒髒舊舊的，除了自然景觀與動物之外也沒有特別的設施可供利用，房間的清潔也不是很仔細，員工的溝通能力訓練稍嫌不足，服務上的不方便容易造成誤解，是少數讓我們提前離開的度假村。

**Sukantar cascade resort & spa
蘇坎塔拉瀑布度假村**

客房數量：16間
房價：每晚NT$7,000元起
地址：12/2 M.8, T.Maeram, A.Mae Rim, Chiangmai, Thailand
電話：+66 81881 1444
網址：www.sukantara.com/

Shangri-la Hotel Chiang Mai
高貴不貴的香格里拉

香格里拉（Shangri-la Hotels）集團是一家老字號有品質的品牌，在世界各地都有酒店，這次選擇住宿在清邁的酒店，一應俱全的配備、便利交通，還有貼心的服務，可以讓人很放鬆的感受清邁、親近清邁。

住宿時間：3 天 2 夜　　小公主成長日記：11 個月

度假評鑑成績單　隱密性★★☆☆☆　親子性★★★★☆　悠閒性★★★☆☆　住宿舒適度★★★☆☆　餐飲豐富度★★☆☆☆

感受過很多不同酒店的經驗，來到清邁選擇老字號且有口碑的香格里拉。喜歡這裡方便又完善的設施，因此選擇多留許多天，清邁古城的風采小街小巷的探險，新奇熱鬧的夜市，落日與夕陽的美，都是不同的體驗，靜靜地感受在地，緩慢的步調調整心情，為下一段旅程做最好的準備。

滿足所有需求的便利

曾經是蘭納泰王國首都的清邁是泰國北方的大城，被眾山包圍的清邁在歷史上有著重要的地位，周圍有許多歷史古蹟建築。由於距離曼谷相當遠，以前的清邁發展自成一格，在服飾、文化、建築和生活都與曼谷不盡相同，高原的氣候涼爽宜人，不濕不熱，最適合旅行，而香格里拉在古城中，就像是落入凡間的精靈一樣。

交通便利是我選擇它的原因之一，走出酒店鄰近還有熱鬧夜市可以逛，包羅萬象的商品、琳琅滿目的手作還有各式美食，走累了隨手可叫嘟嘟車，到這裡旅遊可以很放肆又輕鬆的感受在地，白天不想待在酒店也可以去鄰近的古蹟走走看看，宜靜宜動。

此次入住豪華行政套房，柚木傢俱裝潢泰北特色的圖騰隨處可見，寬敞的空間絲毫不覺得壓迫，窗外景色舒適自然。專屬的Happy Hour服務最讓我津津樂道，玩累了想吃些東西喝些東西都可以盡情享用，下午茶後的悠閒小憩，享受悠閒感的同時又可隨時補充體力。

游泳池有為孩子設計的玩樂設施，提供帶著小孩度假的我們再適合也不過了，看著孩子開心滿足的玩樂表情，這是金錢所買不到的快樂。到了泰國總要來個泰式按摩放鬆身心，香格里拉當然也有女生最愛的SPA，在酒店不用出門就可以消磨一整天，旅行的疲憊辛勞都可獲得釋放。

Thai Shangri-la Hotel Chiang Mai
清邁香格里拉酒店

客房數量：281間
房價：每晚NT$5,000元起
地址：89/8 Chang Klan Road, Muang, Chiang Mai, 50100, Thailand
電話：(66 53) 253 888
網址：www.shangri-la.com/chiangmai/shangrila/

Anantara Chiang Mai Resort
體驗河畔旁的寧靜水漾

淵源自梵文的安納塔拉象徵的是「水的無邊無際」，
也是此間Anantara Chiang Mai Resort
一直想傳達該品牌和諧、寧靜、舒適的漫活精神。
電影「門徒」中劉德華有一幕也選擇在此處拍攝，
優美風景和高水準的酒店服務，不只讓追星族看的過癮，
也會讓想放鬆的旅人得到了安慰。

住宿時間：6 天 5 夜　　小公主成長日記：1 歲 3 個月

度假評鑑成績單　隱密性★★★☆☆　親子性★★★☆☆　悠閒性★★★★☆　住宿舒適度★★★☆☆　餐飲豐富度★★★☆☆

位於泰國北部山區裡的清邁，擁有迥異於曼谷的泰式悠閒山林風情，感覺更純樸、更原始，也更自然、更美麗。這一趟旅行正逢泰國乾季，我們來這裡跨年慶祝，沒有夏天時雨季的燥熱，涼爽的天氣非常舒服。

我們在市區選擇的是交通便利且緊鄰湄平河（Mae Ping River）河畔的Anantara Chiang Mai Resort & Spa，和熱鬧的夜市（Night Bazaar）以及知名的老城區景點塔佩門（Tha Phae Gate）都是走路可達的距離，且可以遠眺素貼山（Suthep Mountain）的美麗景緻，算是清邁市區中最便利且恬靜怡人的五星級高檔酒店了。

用水的柔情融化疲累

Anantara Chiang Mai Resort & Spa在清邁市區非常知名，它的前身是隸屬於國際頂級酒店集團GHM的The Chedi酒店，2005年由阿曼酒店集團的御用設計師Kerry Hill操刀，以簡約的現代風格融合泰式風情並帶有法式殖民風的色彩，恬靜優雅間自有一種特殊格調，讓每個空間布局都擁有意境，因此從開幕後就屢次獲得國際性的酒店設計或空間大獎；是來到清邁一定要拜訪的下午茶經典首選酒店。

而Anantara安納塔拉是世界知名酒店集團－美諾Minor Hotels Group（英文簡稱「MHG」）旗下頂級度假村的核心品牌，最早的酒店就是位於泰國。Anantara 在梵文的意義中裡就是無邊無際，而在泰文的意思則是「水」，從2001 年在泰國成立了第一家度假村以來，就把「水」認定為「大地之母」的角色，因此在酒店設計裡水是很重要的貫穿元素。在Anantara Chiang Mai Resort & Spa裡也能找到寧靜如鏡、涓涓細流和熱情奔流等的不同情境，展現了水的萬千姿態。而不只是空間裡有水，在待客之道裡也富含了柔情的成分，誠摯、貼心的溫馨感，成為他們服務的宗旨。

這間Anantara Chiang Mai Resort & Spa在The Chedi時代已經奠定了很好的建築和管理基礎，2014年由MHG集團接手後，導入Anantara安納塔拉管理體系，良好的名聲維持不墜，依舊是清邁市區人氣很旺的酒店首選。

寧靜典雅的住宿經驗

我們一進入這個酒店，就發現格外寧靜，清邁市區裡有很多摩托車、嘟嘟車，喇叭聲不絕於耳，但是進這個酒店裡卻完全聽不到雜沓聲響，讓人非常驚訝。抬頭一看，酒店白色系、木質家具裝飾的建築外觀非常典雅，搭配上濃郁的綠色草皮、蔚藍的天空和河岸的清新，氣氛清閒幽靜。

我帶著小公主在酒店裡散步，小公主很喜歡這裡漂亮又寬敞的泳池，只是清邁此刻的溫差有點大，冬天早晚還是有涼意，只好選擇中午比較熱的時間再帶她來泡水。

Anantara的午茶餐廳以法式殖民風的優雅氣氛見長，因為非常喜歡這裡的餐廳氣氛，住宿期間，我們總是提早前往。下午茶的場景佈置就在河岸邊，微風徐徐，四周非常安靜祥和，

我們悠閒地在這裡品嘗美味餐點；這時候的小公主總會東張西望的到處對別人微笑，因此也認識了很多來自世界各地的新朋友。

看的到佛心的國度

有一天遇到了四位30歲左右，同樣說著中文的女生，我們彼此親切問候、聊天，一致認為泰國這個國度非常好玩，有和善的人，善良的笑容，還有良善的態度。我們遇到的每一個泰國人都是發自內心的友善，根源於他們的虔誠信仰。也終於發現喜歡不斷來泰國玩的原因，就是為了來感受如此可貴的真誠對待。

為了感受泰國的化緣文化，我們特別要求酒店帶我們到附近的雙龍寺走一遭。托缽化緣從凌晨5、6點就開始，一排四五百個穿著袈裟的和尚緩緩步行而下，非常壯觀。這時候山腳下已經有許多人拿著素齋供品在等待，因為這些和尚過午不食，這一餐必須吃得飽一點，因此很多人都給糯米，讓和尚們可以撐久一點。也有人給花、給香，供俸者和化緣者彼此合十互拜，也有人以跪拜之姿表達尊敬，整個場面安安靜靜又無比震撼，讓人感受到宗教的力量。

這個酒店的行程安排其實非常多元，除了有為客人做量身訂做的服務外，也可以參觀泰拳、泰菜烹飪課、郊外騎象體驗，或白水漂流等等。而酒店本身的水療品牌就非常有名，舒舒服服在酒店裡享受一整個下午的SPA課程，也是非常不錯又聰明的選擇呢。

Anantara Chiang Mai Resort
清邁安納塔拉度假村

客房數量：84間
房價：每晚NT$9,500元起
地址：123-123/1 Charoen Prathet Road,Changklan, Muang,Chiang Mai 50100,Thailand
電話：+66-53253-333
網址：chiang-mai.anantara.com

Tamarind Village Chiang Mai
品味泰北蘭納式的清幽古韻

清邁的 Tamarind Village 是一間非常獨特的酒店。

坐落在古城區、假日夜市旁的優越位置，

以一株200年歷史的羅望子樹做為酒店精神指標，加上傳統蘭納建築，

完整地呈現了泰北的清幽和懷舊氣息。

不以奢華為名，而以文化特色見長，讓每位房客都對它留下深刻印象。

住宿時間：5 天 4 夜　　小公主成長日記：1 歲 3 個月

度假評鑑成績單　隱密性★★★☆☆　親子性★★★☆☆　悠閒性★★★★☆　住宿舒適度★★★☆☆　餐飲豐富度★★★☆☆

走訪世界國家很多酒店，有的奢華頂級、有的服務取向；然而一下榻Tamarind Village，立即發現這裡的迷人在於傳達出的獨特文化。清邁古城屬於泰北「蘭納王朝」時期的首都，而Tamarind Village更位在古城區的中心位置，以精品經營模式著稱，四周圍皆被古老寺廟和古色古香的購物商街環繞著，每周日夜市市集步行街就在酒店門口，鬧中取靜的好位置，成為當地炙手可熱的首選旅店。

Tamarind在泰語中即是羅望子樹。原來這一區在未開發前就存在著一棵200年歷史的壯麗羅望子樹和許多老厝，酒店在規劃之初，為了將樹好好保留，所以建築皆以圍繞這棵樹的方式改建，兩層樓的樓房大約僅達樹冠，維持著如同清邁古早村落般的祥和安樂。酒店中心點的美麗古樹，在院子裡開心地享受陽光，也像是守護神般以綠蔭庇護著這座花園，而這也是酒店取名為Tamarind Village，即羅望子村的原因。

重回蘭納復古時光

當聽到這個美麗故事時，我們就已經對此間酒店充滿了期待。這個酒店有兩個出入口，一處為長廊，一旁可以看見悠閒房客在游泳池畔恢意玩水；另一處必須穿越重重的綠色竹林，綠意清香和長廊光影就好似穿越了時光隧道，帶我們重返清邁蘭納王朝的浪漫時光。

酒店規模其實不大，建築是由一棟老屋改建而成；蘭納王朝重視廟宇，因此要求古城區內的建築不能高於寺廟，所以這裡的屋舍多為平房，最多不高於2層樓。酒店於是在改建

時，將主體保留了以往泰北屋舍的架構，再附以精品式的空間設計和裝潢，延伸出既典雅又融合古今的酒店樣貌。

而在房間布置的許多細節上，也可以發現酒店深深以傳統泰北文化為榮的特點。每間平房式的客房都會有一面以竹蓆鋪展的牆面，就是很經典的蘭納式空間布置風格；像是選用了即將消失的古蘭納文字做為圖騰雕塑

品、書桌上的手工鉛筆和纖維紙籤，浴室裡選用在地無香精的手工香皂、手工漆盒等，都是清邁附近村莊所做的手工藝品，讓房客可以在酒店的住宿裡貼近真實的泰北生活。

酒店選用的服務人員也多是在地青年，身著泰北傳統服飾，細細鋪陳出整個具有正統蘭納泰北風情的氛圍，讓人像是回到舊農業社會裡的平靜村莊，讓內心也純真了起來。

用手作詮釋文化之美

我們選擇可以望向美麗古樹庭院,有露台的房間,露台上也放置了舊式木桌椅,可以叫客房服務來露台上吃早餐、喝咖啡。

面對著綠意盎然的庭院,可以看到其他房間的歐美客人也多坐在陽光下喝咖啡、看報紙,安靜悠閒的空間裡,鳥的歌唱顯得格外悅耳。

小公主很愛這顆古樹,總是開心地在庭院裡跑來跑去,光著腳丫踩踏柔軟的草皮,然後咯咯地笑個不停;有一天夜晚,我們還在庭院裡遇見點點螢光的螢火蟲,那種清朗夜空裡充滿童真的興奮與喜悅感,到現在都記憶猶新。

Tamarind Village對於在地文化傳承的用心經營是讓房客有目共睹且感動的。在酒店入口

迴廊和餐廳二樓，都提供藝廊式的展示空間，讓在地的藝術家、攝影師及畫家，可以有空間展示他們的創作。而酒店本身也常會舉辦文化活動或手作，讓房客可以藉此體驗在地的特殊藝文活動，像在羅望子樹下舉辦的藝術品手作，包括花卉製作，織形畫，竹揮舞，香蕉和蓮花折疊，水療草藥壓印製作等，小公主就參與了其中傳統紙傘彩繪的體驗，玩得開心又知性。池畔還會有傳統泰式

料理的學習課，在餐廳大廚的指導下學習泰國食材的烹調精髓。

酒店還在櫃枱旁設置了旅遊導遊的服務，提供房客各式各樣的在地文化導覽行程，例如參訪寺廟的日常施捨行程、前往寺廟學習僧侶生活、走訪鄉村等，還有許多結合了附近在地文化、歷史及宗教哲學的各類活動，讓大家可以身體力行地體驗在地的人文之美。

口齒留香的清邁美食

酒店餐廳Ruen Tamarind不只深受房客喜愛，同時也是清邁古城中的知名餐廳，平常必須預約才有位子。坐落在池畔旁的餐廳氣氛優雅，加上裝飾了蘭納古燈，整個用餐充滿了迷人氣息；這間餐廳最擅長的是泰北料理，很多其他地方吃不到的泰國菜，這裡都有供應，是體驗清邁道地風味的最佳選擇。

雖然在酒店裡待上一整天也不厭倦，但因為位置距離市區各景點都很近，我們趁著天氣舒適，決定到城裡逛逛。清邁的交通很有意思，小型的摩托三輪車、大型的嘟嘟車，都是隨叫隨停、停後議價。價格談妥後也不會黃牛，就開始到市區遊車河。

看似混亂的交通、喇叭聲四起，但其實有亂中有序的規矩，司機大哥瘋狂在市區東鑽西行，熟門熟路的載我們繞過古城區。市區有很多邂逅都很有趣，像遇見到一個賣咖啡的藝術家、在古城區裡吃到好吃的冰淇淋、司機推薦的特別有滋味的雲南辣麵等，都很有意思。我們愉快地在市街上享受步行、享受

陽光，也在夜市裡買了幾件紀念品後，才開心地回酒店。

來這裡只住3晚，但不知為何要離開時卻感到離情依依；會說中文、也會哼唱鄧麗君歌曲的酒店服務生小王，也特別到酒店門口歡送我們，和小公主擁抱互道祝福，感覺大家眼眶裡都有點濕濕潤潤的。這麼真誠的對待客人，讓我們很深刻地感受到用心，Tamarind Village給人的感覺，不只是旅店而已。

Tamarind Village Chiang Mai
清邁羅望鄉村酒店

客房數量：45間
房價：每間NT$10,500元起
地址：50/1 Rajdamnoen Road, Tambon Sri Phum,
　　　Amphone Muang,Chiang Mai ,Thailand
電話：+66 53418 8969
網址：www.tamarindvillage.com

Veranda Chiang Mai
藏身山林中的隱士

Veranda Chiang Mai是一間由Veranda Resort Group所經營的度假酒店，
位於清邁近郊山上，離市區有一段距離。
Veranda的田園風光配合充滿禪意的建築，讓旅人輕易放鬆身心，享受像家一樣的自在。

住宿時間：4天3夜　　小公主成長日記：1歲3個月

度假評鑑成績單　隱密性★★★★☆　親子性★★☆☆☆　悠閒性★★★★☆　住宿舒適度★★★☆☆　餐飲豐富度☆☆☆☆☆

相較於曼谷的溼熱，清邁的天氣可愛許多，但下雨的清邁卻不怎麼可愛。此次住的Veranda正好碰上大雨，待在酒店2天哪兒也沒去成，除了無法游泳還有一些感受不佳的服務，算是旅行中的意外插曲，為旅程增添不一樣的色彩，雖然提前離開，經過溝通討論總算也有一個好的結果。

帶有禪意的田園風光

Veranda度假村大致分為兩區域，一為泰北特色度假建築，另一個則較現代。充滿禪意的大廳給人舒適且放鬆的感覺，耳邊不時傳來清新的鳥鳴聲，度假村房型的選擇多樣設施完善，像是健身房、小朋友的遊戲區還有無邊際游泳池，傳統建築特色的餐廳一個個像露台的包廂，精緻小巧，是全家同遊度假的好選擇。

完美中的不完美

抵達Veranda時天氣下著雨，由於是山上更覺涼意，一些陰錯陽差錯誤和語言不通的原因，讓下大雨的度假心情有些沈悶，首先登場的是只有兩隻小蝦的海鮮義大利麵與不及

格的擺盤，再來是屋外下大雨屋內下小雨的窘境，令人不開心的事一件件發生，真不知怎麼形容當時的無奈，也覺得度假村的處理總是慢半拍。雖然最後度假村經理更新妥善安排，但經過這些插曲已無法用平靜的心去欣賞這一切，於是就在這一連串的不完美中結束短短的Veranda旅行。

Veranda Chiang Mai
清邁維蘭達度假村

客房數量：80間
房價：每晚NT$5,000元起
地址：192 Moo2 Banpong Hangdong Chiangmai
　　　Thailand 50230
電話：+66 053 365 007, +66 62 398 6899
網址：www.verandaresort.com/

Four Seasons Resort Chiang Mai
梯田旁的度假天堂

Four Seasons Resort Chiang Mai是四季集團在泰國北部清邁的度假酒店，
維持一貫的水準，此間酒店不僅風景優美、服務週到、設施先進完備，
同時還替房客貼心規畫一系列的娛樂體驗，讓所有人都能在這裡盡情放鬆、享受假期。

住宿時間：8天7夜 **小公主成長日記**：1歲3個月

度假評鑑成績單 **奢性**★★★★★ **親子性**★★★★★ **悠閒性**★★★★★ **住宿舒適度**★★★★★ **餐飲豐富度**★★★★★

清邁是泰國第二大城，也是泰北的政經中心。這座古城在1296年至1768年間曾經是蘭納王國的首都。當地涼爽的氣候，加上佛教興盛，有許多興建於中世紀的知名佛寺，因而吸引許多人到此觀光，現在的清邁已成為泰國北部相當重要的旅遊勝地。

而清邁四季是一間位於山丘和田園間的度假村，擁有位於亭樓的客房或獨棟豪華別墅，而每一間都採用拱形天花板，以及帶頂遊廊的精巧設計；房間內部全部鋪設光亮的柚木地板，並裝有清涼吊扇，再以華麗的泰式織布與美輪美奐的手工藝品作為點綴。

湖光山色與東方禪意

之前去馬爾地夫住過四季酒店，對它的服務和體驗留下深刻印象，於是這次到泰國清邁我們同樣選擇四季入住。泰國天氣其實很好陽光充足日照多，然而我們到清邁的時候卻不巧遇上氣候變化，忽冷忽熱，不過不減我們出遊興致，出發前原本還在猶豫，懷孕初期能不能出國？經過醫生評估後，我和先生仍然帶著小公主出發到清邁。

當我們一家來到清邁四季，不得不佩服酒店的設計者。從大廳看出去，由山上俯瞰山腳下的田園，設計者利用地勢高低落差呈現出一種悠然、又充滿禪意的美。田園旁邊有一座很大的湖，和翠綠的稻田彼此輝映，那種湖光山色是無法言喻的。所以為什麼清邁這麼受歡迎？因為自然呈現了東方的美，來自歐美的外國人對這種環境很是憧憬。

梯田旁的度假天堂‧Four Seasons Resort Chiang Mai

務農做菜和體驗生活

第二次到四季入住，讓我們更深入瞭解到「度假」真正的精髓。清邁四季延續了集團的經營信念「以體貼入微的個性化服務，為賓客緩解旅行的壓力」。這個信念放在度假村裡，具體而微的顯現方式就是提供種類繁多，而且大人小孩皆宜的各種活動。有別於馬爾地夫四季一連串的海上娛樂，清邁四季以融入當地田園生活以及手作飲食，來讓旅客享受純泰式的生活方式。

清邁四季附設的RIM TAI KITCHEN烹飪學校遠近馳名，許多熱衷烹飪的賓客都踴躍報名，跟隨專業廚師學習如何親手製作泰式料理。烹飪學校裡的大廚會帶領學員參觀當地市場、選購食材、講解並指導如何烹飪。而且不僅僅是選購食材而已，連做菜的鍋具也一併告訴你要如何挑選、注意哪些細節。看自己挑的食材變成一道道精美佳餚，而且還是親手做的，吃起來別有一番滋味。所以烹飪課程會讓人趨之若鶩的原因就在於三到一腳到、手到、口到，大大滿足了吃與玩的樂趣。

除了動手做菜，在清邁四季還有另一個吸睛指數非常高的活動－水稻種植。水稻種植顧名思義就是學習如何當農夫，透過插秧等農事去了解稻米是如何種植的。為了看起來真像個農夫，酒店還特別提供泰國傳統的農民裝束摩霍（Mor Hom）讓你穿上，去感受在鬱鬱蔥蔥的稻田裏插秧的快樂。這項活動都在上午進行，所以只要吃完早餐走到田邊，都有機會看到一群歐美房客和當地農民，穿著摩霍彎腰插秧的景象。都市人看到插秧當然是很稀奇的，因此不只我先生拿出相機猛按快門，其他人也紛紛拿出手機盡情拍照。等到結束時，就看到一群穿摩霍的人，排成長龍浩浩蕩蕩邊唱歌邊離開，整個氣氛霎時變得很熱鬧像節慶一樣，所有人一不管插秧或拍照的一都很開心。

小公主開心騎白牛

我們這次住的房間是Villa二樓，住在二樓的好處是可以從房間露台往下看。因為外頭是一片綠油油的田，每天傍晚大約4~5點左右，就有服務員將白水牛牽到田裡邊去讓小朋友騎看，並且讓人拍照。我們也讓小公主去騎

水牛，她還蠻大膽的一下就騎上去了也不會哭，我先生一直幫她拍照；到了下午5點水牛就下班回去休息。巧的是我們Villa的房間可以看到水牛在休息吃草，那個萌樣好可愛，讓小公主不斷嚷著，她想看牛牛……。為了這隻水牛我們只好儘量待在看得到牠的地方，讓小公主看個夠。

來到泰國不能不提大象。所以在騎過了水牛之後，小公主又有騎大象的新鮮體驗。

位於清邁市北方有一間相當知名的Maesa象園，是清邁最具規模、也是歷史最悠久的一座象園，他們提供大象舒適的環境，並且保育和照料牠們。近年來轉投入觀光事業後，增加的收入則用來改善大象的生活。我們到了象園就讓小公主去騎大象，但小公主卻不像騎水牛般自在反而嚇得哇哇大哭。其實整個過程才短短20分鐘，可能是因為整群象過於龐大，讓他有點驚嚇。除了騎大象，這些具靈性的動物還表演了多項才藝，牠們彷彿每一隻都是天才，不但會踢足球、打籃球，甚至還會畫畫。如果你在現場有看到大象執筆完成的畫作，絕對讓你歎為觀止！

豐富的娛樂 貼心的規劃

這次下榻清邁四季期間,再度讓我們感受到度假酒店的價值所在。從他們的服務、提供的活動還有對環境、文化的投入都能感受到一間酒店的用心經營。

光是他們提供給小朋友的活動就有:戴花環遊覽園林、用莎紙製作相框風箏陶罐、石頭

彩繪、馬賽克拼紙、尋找動物和昆蟲……另外還有兒童水療和24小時的保姆服務。其他成人的活動則包括:Yoga練習課程、氣球之旅、泰拳搏擊、泰語入門以及網球運動和免費健身房……等。我們在清邁四季雖然只部份體驗這些活動,然而這就足以讓我們留下很多愉快的回憶了。像最特別的是,酒店甚至可以派專人當嚮導陪你去逛夜市、吃美食,這些規劃實在太週到了。

我這次來清邁因為懷孕身體不是很舒服,多虧有酒店的保姆幫忙照顧小公主,才讓我和先生可以比較輕鬆地度過假期。也要感謝上天,讓小公主一路都健健康康、無病無痛陪我們走過一個又一個地方,如果不是這樣,我想我們大概也沒辦法一直旅行下去。小公主就是上天賜予我們的最珍貴的禮物,和她一起分享世界景致,就是世界上最快樂的事。

Four Seasons Resort Chiang Mai
清邁四季度假酒店

客房數量:98間
房價:每晚NT$28,000元起
地址:502 Moo 1, Mae Rim-Samoeng Old Road
　　　Chiang Mai 50180, Thailand
電話:+66 5329 8181
網址:www.fourseasons.com/chiangmai/

Anantara Siam Bangkok Hotel
鬧區裡的悠閒綠洲

Anantara Siam Bangkok Hotel 曼谷暹羅安納塔拉酒店原來是Four seasons Bangkok曼谷四季酒店，在2015年易主經營，由泰國知名的酒店品牌Anantara集團承接。維持一貫優雅的泰式奢華風，讓房客有物超所值之感。

住宿時間：4天3夜　　小公主成長日記：1歲3個月

度假評鑑成績單　隱密性★★☆☆☆　親子性★★☆☆☆　悠閒性★★★☆☆　住宿舒適度★★★★☆　餐飲豐富度★★★★

每次旅行如果遇到轉機，為了讓小公主身心保持舒服狀態，我們通常會選擇在轉機城市多停留，轉機點也多會選擇曼谷，因為相對於航點頻繁的香港和新加坡，曼谷散發更慵懶的度假氛圍，而且市區酒店的價位便宜又奢華，住起來的CP值很高。像Anantara Siam Bangkok Hotel的位置就非常良好，位於曼谷市區的心臟位置，距離地鐵站步行只需1分鐘，附近不僅有四面佛、有名的餐廳或小吃，還有購物商城和精品店，在短暫休息時刻要享用大餐或採買東西非常方便。

奢華又不失友善

Anantara向來是很值得信賴的品牌，服務優質，像是入住時發現我們有小公主隨行，立刻送來一套小小孩尺寸的浴袍；這是小公主第一次穿上酒店浴袍，她開心地穿著在游池畔走秀，這就是酒店的貼心之處。酒店外觀氣質優雅，氣派豪華，擁有空中花園和空中游泳池，1樓中庭還布置成熱帶花園的自然模樣，讓人一進入彷彿走入泰國叢林，即使人多也不顯擁擠，充滿了舒適感。這裡的下午茶非常知名，許多的政商名流都喜歡來這裡享用。酒店裡有9間餐廳和酒廊，供應著泰國、義大利美食和日式創意等不同料理，主廚都非常優秀，不用出門就可以享受大餐是最快活的事了。

這次我們選擇的是酒店的Villa型式房間，客房以柚木和泰國絲綢裝飾，具有泰式文化裡的雅緻感；室內坪數很大，搭開窗戶還有可以俯瞰戶外游泳池和蓮花池的私人天井小花園，這個空間正好可以讓小公主跑跳遊戲。酒店裡的水塘有許多美麗的魚，酒店會提供魚飼料讓小朋友餵食，小公主也在這裡度過愉快下午時光。

Anantara Siam Bangkok Hotel
曼谷暹羅安納塔拉酒店

客房數量：354間
房價：每晚NT$8,000元起
地址：155 Rajadamri Road, Bangkok 10330 Thailand
電話：+66 2 126 8866
網址：siam-bangkok.anantara.com/

暢遊西馬古城。
馬來西亞

M a l a y s i a

泰國

Four Seasons Resort
Langkawi
蘭卡威

Shangri-la's Rasa Sayang Resort  Eastern & Oriental Hotel
檳城

麻六甲海峽

馬來西亞

印尼

亞洲

非洲

吉隆坡

馬來西亞是由隔著南中國海的東馬和西馬
所組成的信奉伊斯蘭教的回教國家，首都為吉隆坡，
近年來馬來西亞的發展令人刮目相看，
宏偉的高樓紛紛聳立，
有名的雙子星塔也俯瞰首都萬家燈光的夜空。

保留完整80年代風情的檳城頗有歷史，
和麻六甲一起在2008年被聯合國選為世界文化遺產，
豐富的遺跡、風華韻味的百年酒店，
都讓這個城市顯得獨特；
近年來在藝術家的打造下，更呈現了繽紛。
位於麻六甲海峽和安達曼海間的蘭卡威，
則是馬國著名的度假島嶼，
原始生態和傲人沙灘，與世無爭的海岸風光，
怎能不迷醉。

Shangri-la's Rasa Sayang Resort
在海天一色中開心度假

如同每一間香格里拉酒店給人舒適親切的感受，
來到Shangri-la Rasa Sayang Resort，迫不及待想要擁抱檳榔嶼（Pulau Pinang）的燦爛陽光，
湛藍天空和島嶼熱情，海風輕撫的沙灘，享受離島的風情萬種。

住宿時間：3天2夜　　小公主成長日記：1歲5個月

度假評鑑成績單　隱密性★★★★☆　親子性★★☆☆☆　悠閒性★★★★☆　住宿舒適度★★★☆☆　餐飲豐富度☆☆☆☆☆

來到充滿南洋氣息的檳城外海離島檳榔嶼，碧海藍天，心情也跟著飛揚，這裡到處可見搖曳棕櫚樹，有著熱帶雨林的大自然，走在潔淨白沙的海灘上既舒服又放鬆。檳城城市的旅行，感受宗教及種族豐富的多樣性，來自不同文化卻融洽和諧的氛圍，精彩的世界遺產保留更是不容錯過的旅程。

自然美景在身旁

擁有天然的熱帶景色的Shangri-la Rasa Sayang Resort，從酒店的擺設、布幔的紋路，南國風采的小細節，充滿熱情的氛圍。酒店設施多樣又寬敞，而且接待人員也很有水準，對於親子家族非常有經驗地款待著。酒店裡還有讓小朋友喜愛的Kids Club，小公主一到這個空間就開心的不得了，安全的場地還有專人守護，完全不用擔心危險。黃昏時，陪伴小公主在海灘上玩沙戲水，看到孩子滿足又興奮的笑容，似乎做甚麼都值得。香格里拉的確是適合親子旅遊的入門首選，來這裡度假總是不會讓人失望。

古色古香檳城遊

回到懷舊的城市檳城，不論要看建築、吃美食、探訪宗教或認識人文，都有值得拜訪的地方，保留許多至今仍讓人津津樂道的世界遺產。曾經是英國殖民的檳城仍留英式建築特色，傳統道教的廟宇、知名的"藍屋"、印度色彩的街道，喜歡追求美食的饕客，在這也可嚐遍美味，對於宗教的開放及包容寬大讓人敬佩，走在街上同時可以看到道教、回教、佛教和基督教的廟宇教堂，這種有容乃大的胸懷在這邊一覽無遺，各色人種相處融洽彼此沒有分歧，世界大同可見一斑。

Shangri-la's Rasa Sayang Resort

客房數量：304間
房價：每晚NT$5,200元起
地址：Batu Feringgi Beach, Penang, 11100, Malaysia
電話：(60 4) 888 8888
網址：www.shangri-la.com/penang/rasasayangresort/

Eastern & Oriental Hotel
光輝歲月裡的英倫風

18世紀，英國東印度公司來到檳城建立了在遠東殖民的第一個貿易口岸，
於是有了1885年Eastern & Oriental Hotel的誕生；
百年歲月所累積下來的文化厚度，展現在酒店的各個細節裡，
從建築、牆壁、門把、長廊…等，瀰漫芬芳的歷史氣味，
也烙印下了最經典的英倫風光輝痕跡。

住宿時間：5天4夜　　小公主成長日記：1歲5個月

度假評鑑成績單　隱密性★★☆☆☆　親子性★★★☆☆　悠閒性★★★★☆　住宿舒適度★★★★★　餐飲豐富度★★★★☆

位於麻六甲海峽旁的檳城是很有歷史的一個州，尤其是首府喬治市（George Town），還是馬來西亞獲選為聯合國教科文組織文化遺產的三處之一，在這裡處處都有古蹟可以遊逛。來到這樣一個有歲月感的城市，我們當然也要選擇一間有年華氣味的酒店來體驗，而市區裡擁有132年歷史的Eastern & Oriental Hotel就絕對是首選。

見證檳城百年風華

建於1885年的Eastern And Oriental Hotel，是由同樣打造新加坡萊佛士酒店的美國Sarkies四兄弟所建。1786年東印度公司的萊特（Francis Light）船長登陸了馬來西亞，在檳城這裡建立了康華利斯堡（Fort Cornwallis），喬治市於是成為英國在遠東區域最早的「自由港」，貿易口岸引來了一批批的商人和貨物交易，人潮開始絡繹不絕的聚集在這裡，吸引了Sarkies四兄弟來這裡建立旅館、酒店群，他們在亞洲所建立的最早旅館，就是這間Eastern Oriental Hotel。

歷經了第二次世界大戰、馬來西亞脫離英國正式獨立等國家重要大事，這裡儼然成為檳城具代表性的酒店，只要有知名的國際人士前來多紛紛指名這裡下榻，像是國父 孫中山先生、已故女星瑪麗蓮夢露、卓別林，還有大導演李安、演員陳沖、楊紫瓊等都曾經住過這裡。酒店的最初雛形並不若現在的宏偉，1923年曾經經過一次的擴建，而2013年3月新的VICTORY ANNEXE側翼的完成，讓酒店有了現在的規模，原有的復古，加上了現代設計元素，讓這間酒店更顯得與眾不同、有了獨特的氣質。

迷人的獨特殖民風格

一直以來我們深深著迷於殖民風的旅館，來到檳城當然一定要來這裡體驗。維多利亞建築的純白外觀，一下子就把度假的氛圍拉至懷舊的年代；這裡的服務生也散發復古的氣質，門房顯得彬彬有禮也特別紳士，感覺像是來到了英國皇室裡作客。酒店裡有許多具歷史感的角落，像是地磚、木製窗櫺、潔白樑柱、挑高的天花板的雕飾等。而對於保留完整的文物，酒店也盡了很大的心力，擺放著許多歷史照片的長廊、骨董的桌椅、各個名人在此住宿過的影像裝飾櫃等，都傳遞了時空交錯的美感，光是在酒店裡散步就很有興味。

這一次選擇的是位於新蓋好的大樓的房型，房間寬敞又舒適，還擁有180度的窗景視野，可以將喬治市的整個海岸線都收納在眼簾，連在浴室的浴缸泡澡，都可以看到日出和夕陽的美景，真的是非常的迷人。房間外還有個陽台，小公主很喜歡在這裡跟我們一起欣賞美麗的市區風光。

酒店名為「1985」餐廳供應的英式下午茶非常經典，有英國茶、三明治和司康等還有各式的甜點，展現了維多利亞貴族們的生活型態，由於酒店就位於海灣旁，很多當地人也會來這裡喝茶聊天、順便欣賞海岸風光，感覺猶如置身在英國。

生活在文化裡的遺產之城

喬治市是馬來西亞第3個世界遺產,被列為遺跡的不是特定建築,而是整個城市區域,因此來到這裡,一定要走走逛逛才行。當1786年英國的法蘭西斯‧萊特(Francis Light)船長來到檳榔嶼後,他將進駐屯墾的東北角以英國喬治三世(George III)的名字來命名,接著在官方的政策鼓勵下,開始有大量的華人和各國移民移居,包含華人、馬來、印度、英國、荷蘭、葡萄牙等等,不同的族群都在這裡留下了大量的歷史遺跡和建築。

我們在酒店的安排下瀏覽了核心區重要的遺跡,因為歷經世界大戰,新舊並陳的街上留有許多戰前建築,這些建築大多斑駁,藝術家們用壁畫的方式讓市區街頭有了不同的風貌,包括馬來西亞當地藝術團體Sculpture At Work所創作的52幅鐵塑畫、立陶宛籍畫家Ernest Zacharevic的魔鏡系列等,讓這裡的轉

角處都可以與藝術相遇。有趣的是，這裡的古蹟並非人去樓空，而是還有人在此真實生活，因此很容易在觀賞藝術或建築的同時，也融入他們生活中，構成一種復古與現代交錯的超現實旅程；這裡的人對遊客的造訪絲毫不以為意，很自在的生活著。除了優美的壁畫，遊逛老城區還處處可以發現驚喜，例如古蹟裡的小小咖啡店、手工藝店、文創商號和書局等，頗有尋寶的樂趣。

酒店旁的海岸線到了傍晚人聲雜杳，路邊攤開始吃喝聚集，馬來菜、印尼甜點、檳城咖啡等紛紛出籠，生命力在這個城市四處蔓延。城市不但對舊的文化保留尊重，同時象徵著經濟發展的新大樓也高高聳立，新舊融合得如此恰當，值得花更多時間駐足流連。

Eastern & Oriental Hotel
檳城東方大酒店

客房數量：100間
房價：每晚NT$6,000元起
地址：10, Lebuh Farquhar, George Town, 10200
　　　George Town, Pulau Pinang, Malaysia
電話：+60 4222 2000
網址：www.eohotels.com

Four Seasons Resort Langkawi
融合海魅力的極品酒店

Four Seasons Resort Langkawi是一座濱海花園酒店，
緊臨著有1.6公里長的 Tanjong Rhu沙灘，面向安達曼海（Andaman Sea）。
這間度假酒店秉持四季集團一貫 "待人如己" 的黃金準則，
為全球旅客提供超高水準的服務，
同時透過一系列動靜態活動讓房客天天沉浸其中，享受無窮的趣味。

住宿時間：9天8夜　　小公主成長日記：1歲5個月

度假評鑑成績單　隱密性★★★★☆　親子性★★★★★　悠閒性★★★★★　住宿舒適度★★★★☆　餐飲豐富度★★★★★

蘭卡威四季是一間充滿熱帶風情的濱海度假酒店,提供91間套房與Villa別墅,並擁有一座家庭游泳池、一座55公尺長的成人泳池及私人小屋。另外,廣闊潔白的沙灘、中東風格的Rhu Bar酒吧,加上聲名遠播的水療中心Geo Spa和刺激的熱帶雨林探險,都是吸引人們到此一遊的重要關鍵。

無拘無束的成長

離開清邁後不久,隨著懷孕進入穩定期,我和先生經過討論決定來到馬來西亞蘭卡威,繼續小公主的旅程。考慮到1歲5個月的她正值愛跑跳的年紀,我們選擇入住四季旗下的蘭卡威度假酒店,因為這裡有一大片廣大的潔白沙灘,可以讓小公主盡情奔跳。

儘管小公主還小,可是我從她的反應與表現,感受到每一趟出國都是值得的。例如從幾個月大開始,她早上起床都會坐定位等待我開窗戶,因為每次住的房間都會有不同的景色,有時是山有時是海,等到我窗簾一打開,她就會發出很大的哇～一聲,給我們一個驚喜。在旅行的日子裡,她幾乎每天都能接觸到不一樣的事物,然後在當中不斷成長,這對她而言是非常好的。

再次來到四季酒店,迎接我們的是再熟悉不過熱情的服務人員,雖然地點不同、面孔也不同,但服務熱情是相同的。這種感覺尤其是來過許多次或是長期的住客,會有更明顯的體會。而從他們身上也的確印證了四季集團"以人為本"的服務宗旨。

夕陽餘暉映沙灘

蘭卡威四季的客房與Villa，融合馬來人的傳統建築和摩爾人的設計風格，營造出一種獨特的異國情調。從我們休息的房間可以遠眺安達曼海的蔚藍海景；也可以欣賞到美麗迷人的酒店花園。當然最吸引人的還是一望無際的沙灘。清澈的海水濺起白色浪花，一波波浪潮奔向沙灘又返回，如此往復循環不息。如果在房間用眼睛看還不過癮，隨時可以走到沙灘上用腳底感受海水的冰涼。

隨著小公主日漸成長，她已經很習慣酒店生活，也知道如何去玩。吃完早餐如果天氣好的話，她就自己主動拿一個水桶要到沙灘上去玩沙，因為她明白沙灘上會有許多和她一樣的小小孩，可以在那裡交到新朋友。而且不只沙灘，還有kids club。這裡每天匯集不同國度的孩童，就是最棒的交流中心。

在白天，沙灘對熱愛水上活動的人來說，就如同天堂。酒店對所有住客提供免費的獨木舟、帆板和雙體船，讓人得以用各種方式與海水互

動，每小時還供應海灘美食。到了傍晚，成雙成對的夫妻或情侶，便會在沙灘上散步欣賞夕陽。落日餘暉映照在沙灘上，就像一幅即興的藝術畫。見到如此絢麗的美景，先生馬上拿出相機來拍照；我們雖然帶不走即刻消逝的藝術畫，卻能用照片將這動人的一瞬永遠收藏。

貼心關注小孩心情

我很喜歡四季酒店的一點就是，他們旗下所有的酒店都會有非常豐富的活動行程。而且不只對成人房客服務週到，對小孩子也一樣貼心設想。例如之前在馬爾地夫和清邁四季，酒店人員就會主動為小公主提供兒童的盥洗用具和玩具，全部都放在一個提籃裡，很受小孩的喜愛。另外，我覺得四季酒店的 kids club，都是有經驗而且專業的老師在帶小朋友，讓家長可以很放心的把孩子交給他們。

我印象中有一天帶著小公主去參加餵魚活動的行列，不知道為什麼當天竟然沒有其他小朋友，只有她一個人。遇到這個情況老師還

是依照預定的行程帶她去餵魚。這次專屬的活動讓小公主非常的開心，她最喜歡的動物就是魚，所以老師單獨帶她去的時候，簡直快樂地飛上天。即便只有一個孩子參與，老師仍盡情滿足小朋友，並讓她感到快樂，這樣貼心的舉動怎能讓人不感動？

勇於嘗試新活動

體驗過餵魚，另一個在蘭卡威的新鮮嘗試就是騎馬。之前在泰國清邁帶小公主去騎大象，結果她騎上去就哇哇大哭。這次到蘭卡威剛好有騎馬的活動，我們還是讓小公主去試試看。每天早上固定的時間，會在沙灘上看到服務員牽著馬匹讓房客試騎和拍照。有大隻的給成人騎；另外也有小馬專門給小朋友們騎。很意外的，小公主並不害怕騎馬，不但騎得很穩而且還很開心跟馬玩。

看到她跟馬玩得那麼開心，我也為她感到驕傲。因為任何體驗小公主都願意去挑戰；而在不斷接觸自然環境之下，她變得很勇敢。就像這次在沙灘上玩的時候，她不小心跑太快、跌倒撞到頭流血也沒怎麼哭，一下就沒事了。

這也讓我們看到孩子是很能適應環境的，只要父母願意給予，他們就能夠吸收。

生氣蓬勃的自然生態

之前在馬爾地夫四季，我們捐款幫助了保育類海龜以及復育珊瑚礁，能為地球環境盡一份力，是件很有意義的事。來到蘭卡威四季，我們發現那麼廣闊的沙灘竟然可以如此乾淨整潔，想想真的非常不容易，酒店在背後該付出多少心力去維護？這也就是四季酒店可以永續經營的原因之一，他們採取與環境、居民共存共榮，利用環境資源來興利共享。我覺得這是很好的示範，很值得企業學習與仿傚。

尤其蘭卡威四季週邊就是生機勃勃的熱帶雨林，酒店也提供專屬行程讓房客能到鄰近的基裏姆喀斯特地質森林公園，進行野生叢林探險。在這趟獨家的遠足旅行中，由酒店聘請的自然學家，帶領學員與珍稀動物，例如雄鷹、猴子、水獺、步行魚……等進行親密接觸，並順道探訪馬來西亞最古老的地質構造。這些探險活動一方面滿足了人們的好奇心，另一方面也透過近距離接觸，讓人有機會更瞭解大自然的奧秘。

另外，蘭卡威四季酒店的水療，也提供另一種放鬆身心的選擇。據說這裡的水療非常有效，許多人都是慕名而來的。透過水療將人的心靈與精、氣、神等各方面完全提升，而達到精氣充沛、心神穩定的效果。

可是這趟旅程我是帶著滿滿的感動回家的。因為每天有小公主陪伴著我們，不管是看她玩沙、交到新朋友，或是帶她去騎馬、散步、看夕陽；甚至只是在房間裡一起吃早餐，在她一步一步成長中，我都覺得很感動。還有什麼比這個更珍貴的呢？

Four Seasons Resort Langkawi
馬來西亞蘭卡威四季度假酒店

客房數量：91間
房價：每晚NT$23,000元起
地址：Jalan Tanjung Rhu 07000 Langkawi Kedah
　　　Darul Aman , Malaysia
電話：+60(4) 950 8888
網址：www.fourseasons.com/zh/langkawi/

During The Trip
出遊好幫手 旅行小物大公開

許多朋友媽媽問我，為何帶小孩坐飛機旅遊如此從容？其實只要事前有所準備，備妥需要用的物品，再加上適時尋求他人或酒店的協助，其實帶小孩出國並沒有想像中的困難。以下是帶小孩住宿度假村時會使用的物品，將工具備齊，就能安心好好度假。

濕紙巾

只要帶小孩出門，濕紙巾一定要攜帶。我會帶兩種不同功能的溼紙巾，分別是有酒精和無酒精的兩款，有酒精可以擦餐椅桌子和小朋友會碰到的物品，無酒精可以做手口清潔，分開使用保護小孩衛生安全。

Babyzen yoyo推車

這款推車輕巧好用，收納起來不占空間，可以手提上飛機不用託運。

包巾

一條實用的萬用小包巾很需要，不管小孩想睡覺或突然變冷時都可以蓋，禦寒又有安全感。

保溫瓶

帶著小小孩，保溫瓶是必備物件，隨時可以沖泡牛奶安撫寶寶情緒，口渴喝水也不成問題。

喝水學習杯

小小孩拿水杯難免會將水灑出來，在國外住酒店要避免這種尷尬，最好就是攜帶專業的喝水學習杯，也是訓練小孩學習餐飲禮儀的第一步。

揹巾

出去玩的地方不一定都道路平坦可以推車子，當前往不方便推車的地方時，背巾就派上用場；揹巾也是哄睡的好利器。

尿布

平常出門一定會在包包裡備妥5片左右的尿布量，若住宿在酒店，可以事先寫信請酒店代購尿布，這樣不用大包小包提著到處走。

防水繪本

具無毒安全、可以咬和撕不破的特性的防水繪本，是安撫0~2歲寶寶的好利器，讓他無聊時也有東西吸引目光。

消毒鍋

出國最煩惱是奶瓶消毒問題，其實好的酒店都會為家長們最好準備，只要事先提出申請，通常都會提供消毒奶瓶奶嘴用的消毒鍋讓房客使用，不要害羞於向酒店要求。

寶寶專用泳圈

攜帶寶寶專用的游泳圈，從0歲開始就會愛上游泳的感覺。

睡前讀物

我很珍惜和小公主的睡前說故事時光，帶幾本她喜歡的繪本童書在睡覺前一起閱讀，讓她更快進入甜美夢鄉。

陪睡娃娃

這隻可愛又柔軟的小兔子母女玩偶，是小公主從小就貼身的睡覺寶貝，出國時也會攜帶著以增加她的安全感，讓她睡眠品質更好。

Enjoy After The Trip
美好旅遊的憧憬 紀念品全收錄

旅行讓人上癮，當我們沉溺在每一趟出發的美好回憶時，除了腦中留存旅途的點點滴滴，也希望可以蒐集到這些來自世界各地的紀念品，藉由雙手實際觸摸把玩，讓旅遊喜悅再次湧現心頭。不一定要是名牌精品的小物件，但對我們和小公主來說，已經珍貴無比。

阿拉伯風水甕

這是在阿曼王國舊城區漫遊時在商店所購買的，水壺在以前主要是用來接雨水，現在功能則很多元，是當地很具代表性的紀念品。

繽紛小海龜

如果去過Banyan Tree度假一定會發現這種棉布小海龜，這是集團發起的活動，收益做為保育海龜基金。我們是在民丹島Banyan Tree買的，是不是很可愛呢？

阿曼陶製小羊

這是在阿曼王國Six Senses Zighy Bay度假時購買，在那個與山羊共生共存的度假村與村莊裡，羊是常見的動物，每次看到這個小陶羊，就想起沙漠海濱的絕世勝景；也因為這趟旅行，讓媽媽肚子裡帶回了一隻羊寶寶，格外有紀念意義。

小刺蝟

這個禮物很有意義，是在Soneva Kiri度假時，小公主前往KIDS CLUB玩耍，裡面老師BIG MAMA所贈禮物。刺蝟是當地代表動物，每次看到都會想起溫暖友情。

手製小棉象

這隻可愛的小象，是在旅行馬爾地夫Four Seasons購買，當時看到酒店有這隻由斯里蘭卡製的手工藝品棉布象，因為所得會捐贈公益，二話不說就買下來。

小油製傘

油紙傘是清邁典型的傳統手工藝品，這個小油製傘是在清邁Tamarind Village度假時，酒店辦活動讓小公主完成的作品。

彩色棉布魚

同樣是在馬爾地夫Four Seasons購得、色彩鮮艷的棉布魚，也是由斯里蘭卡婦人們手工縫製，這是酒店發起的公益活動，我們當然要熱烈響應。

手搖沙鈴

這是在清邁市區夜市觀光時所發現的手搖沙鈴，搖一搖會發出沙沙聲響，加上鮮艷色彩具南國風，小公主很喜歡。

榴槤大象

大象是泰國的象徵，而這隻造型奇特的榴槤大象，是在住宿泰國Anantara Riverside Bangkok期間所購買，這款可是手工作限量款，很值得收藏。

海星

我們喜歡海洋、也熱衷於海島度假，也希望大家對海洋生態可以多多關注；這三隻布海星是在SIX SENSES YAO NOI所買，所得將做為海洋保育公益基金所用，希望湛藍海域能夠生態永續。

大象擺飾

太喜歡泰國的悠閒風情，自然會想要收集跟泰國有關的產品。這隻擺飾像是在逛市集時所買，價格不貴，艷麗彩繪和逗趣表情，很吸引小公主目光。

小海龜

在峇里島Banyan Tree裡除了可以看見可愛棉布製的海龜，還有這種造型更纖細的石頭海龜，收益一樣做為保育海龜基金。

海龜

Four Seasons集團對於海龜保育不遺餘力，因此在酒店裡常有海龜相關產品義賣，這隻海龜同樣在馬爾地夫Four Seasons購得，樸拙手工更見純真，我們很喜歡。

布蜥蜴

小公主在國外度假時，常會遇見這種在叢林裡遊走的小蜥蜴，對她而言就像是玩伴；這隻在峇里島Uma Ubud買的布蜥蜴模樣有趣，讓人懷念起小公主遇見蜥蜴的好奇樣貌。

明星水牛

在被梯田包圍著的清邁Four Seasons酒店裡，最受到大小朋友歡迎的就是白色的水牛明星，這個棉布吊飾就是象徵這隻水牛，買回家讓我們時時懷念這趟旅行。

木蜥蜴

隨和開朗的小公主在入住度假村時總是和在地專業保母有很好互動，有的甚至到現在都是好友；這隻木蜥蜴是小公主在峇里島Komaneka at Bisma度假時，保母所餽贈的禮物，包含很多甜美回憶。

小木龜

這隻具有意義的木頭海龜，是在峇里島Komaneka at Bisma住宿期間，因為小公主每天和員工們相處愉快，其中一位員工以手工雕刻送給小公主的木龜，底下有寫上小公主的名字，彌足珍貴。

阿曼酒店手冊

我們很喜歡Aman酒店集團的貼心款待，所以出國時也會收集各國阿曼的酒店手冊，希望以後有機會每一間都能去。有了目標，就有了生活努力的方向了。

媽咪這麼穿

自信由美而生

　　愛美是女人天性，許多人在結婚後卻因生活忙碌而放棄了愛美這件事，我認為不論在人生任何階段，都應該保持美、學習美，這樣才可以將生活的氛圍提升，所以即使當了媽媽後也不應該懶惰，要時時提醒自己愛美，保持對自己和對別人的尊重。

　　從我生了小公主後，我還是不忘隨時把自己打扮得美美的，所以每天除了固定花時間運動、維持好的體魄身材外，外出也絕對化妝打扮，讓自己美得有自信又快樂。

創造婚姻生活情趣

　　對美的鑑賞能力，其實也要歸功於我的先生。先生對生活品味有一定的要求，對時尚也具有敏銳的觀察力，舉凡我生活上的所有服裝、配件、髮色和髮型等細節，他都會幫忙搭配、選購、並給予意見。我們常常互相

討論學習美感，這樣的這儼然已經是我們生活的情趣和默契。

　　因為他熱愛攝影，每次全家出國也一定會拍攝我和小孩，所以格外要求整體造型要美好，才可以讓影像好看。出國前，他會為我挑選不同品牌服裝搭配，我也樂意打扮當他專屬的模特兒，讓我們的旅遊有了更多靈感激盪，我想這也是婚姻可以一直維持鮮度和甜蜜的原因。

完美配件讓造型加分

　　以經驗來說，在海島國家不一定要濃妝豔抹，然而口紅卻是必備的化妝品。因為海島輕鬆悠閒，避免花時間在過多化妝上，只要一條口紅，就可以立即讓臉部五官變立體。而配件則是讓造型升級的最好選擇，其中有幾樣配件推薦攜帶，那就是太陽眼鏡、帽子、泳裝、罩衫，以及一雙高跟鞋。

不同造型的太陽眼鏡搭配不同服裝，可以讓視覺焦點更集中，泳裝最好挑選顏色鮮豔，可以讓自己在海天一色裡更亮眼。而我本身就是帽子控，一頂好看的帽子可以讓整題造型大大加分，有時我也會選擇有在地風味的帽款，這樣的穿搭更能襯托當地風情。

罩衫則是我前往海島國家一定會選擇的單品，在國外常常看見身材好的女生穿比基尼，生性害羞的人只要加件罩衫內搭比基尼，一樣能若隱若現展現性感。不只可以混搭造型，更可以修飾身材。

最後建議出國一定要攜帶幾件正式洋裝，國外度假村常有交誼活動或歡迎派對，需要穿著正式服裝。我認為出了國就代表了國家，合宜的穿著打扮不失身分，也讓別人有了好印象。

爸比這麼說

對熱愛拍照的我來說，攝影是一種放鬆的樂趣，能夠拍到好的照片，對我而言絕對可以帶來旅遊的成就感。尤其是以這種定點式度假村為旅遊方式的照片紀錄，更要在行前做足功課，才能取得心目中的理想好品質。

我喜歡研究全世界各地的品牌酒店，去深入了解該品牌的背景、故事和經營理念，能夠研究透徹，就能規畫一趟深度之旅；讓旅行除了享樂，也對區域、環境、國家有所認知。行前先查詢酒店的每個房型和景觀差異，決定好適合拍照的房型。入住時也會先將環境巡視一遍，先清楚每個空間的東西南北和燈的開關位置，並詢問酒店人員入住期間日出、日落的時間，游泳池是否乾淨、房間裡的泳池視野是否有遮蔽物等。

一張好照片的形成可能是機運，但很多時候需要的是等待，透過方寸的視窗與世界對話，記錄著天倫一起度假的感動，也看到了自然宇宙裡的單純美好，可以很大也可以很小的方寸美學，就是整個世界的快樂總和。

時報悅讀 9

小公主的奇幻旅程

作　　者──公若家
攝　　影──魏啟豪
主　　編──尚藝國際行銷 戴卓玫
責任編輯──尚藝國際行銷 林玎倚
美　　編──尚藝國際行銷 吳靜慈
協力編輯──謝翠鈺
封面設計──楊珮琪
製作總監──蘇清霖
董 事 長
　　　　　──趙政岷
總 經 理
出 版 者──時報文化出版企業股份有限公司
　　　　　　10803台北市和平西路三段240號七樓
　　　　　　發行專線──（02）2306-6842
　　　　　　讀者服務專線──0800-231-705、（02）2304-7103
　　　　　　讀者服務傳真──（02）2304-6858
　　　　　　郵撥──1934-4724時報文化出版公司
　　　　　　信箱──台北郵政79～99信箱
時報悅讀網──www.readingtimes.com.tw
法律顧問──理律法律事務所 陳長文律師、李念祖律師
印　　刷──詠豐印刷有限公司
初版一刷──二○一七年二月十七日
定　　價──新台幣四八○元
行政院新聞局局版北市業字第八○號
（缺頁或破損的書，請寄回更換）

時報文化出版公司成立於一九七五年，
並於一九九九年股票上櫃公開發行，於二○○八年脫離中時集團非屬旺中，
以「尊重智慧與創意的文化事業」為信念。

國家圖書館出版品預行編目資料

小公主的奇幻旅程 / 公若家著.魏啟豪攝影 -- 初版. -- 臺北市 : 時報文化,
2017.02
　面；　公分. -- (時報悅讀 ; 9)

ISBN 978-957-13-6891-7(平裝)

1.旅遊 2.世界地理

719　　　　　　　　　　　　　　　　106000390

ISBN 978-957-13-6891-7
Printed in Taiwan